KB211348

성경을 따라가는 52주 가정예배

서신서와 요한계시록

세움북스는 기독교 가치관으로 교회와 성도를 건강하게 세우는 바른 책을 만들어 갑니다.

성경을 따라가는 52주 가정예배

일주일에 한 번, 온 가족 말씀 동행 프로젝트

초판 1쇄 인쇄 2024년 12월 10일
초판 1쇄 발행 2024년 12월 15일

지은이 | 김태희
펴낸이 | 강인구

펴낸곳 | 세움북스
등 록 | 제2014-000144호
주 소 | 서울시 종로구 대학로 19 한국기독교회관 1010호
전 화 | 02-3144-3500
이메일 | holy-77@daum.net

디자인 | 참디자인

ISBN 979-11-93996-29-4 (03230)
979-11-93996-30-0 (세트)

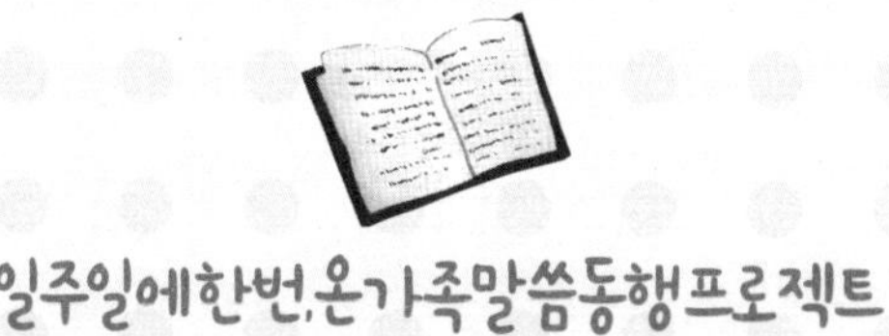

일주일에 한 번, 온 가족 말씀 동행 프로젝트

성경을 따라가는 52주 가정예배

6

서신서와
요한계시록

김태희 지음

세움북스

서문

이 책은 가정예배 교재입니다. 책의 구성을 따라가면 누구나 힘들지 않게 가정예배를 인도할 수 있습니다. 이 책은 부모가 자녀에게 성경 66권을 가르치는 것을 목표로 합니다. 구약 4권, 신약 2권으로 구성되어 있으므로, 1년에 한 권씩 6년 동안 사용할 수 있습니다. 그래서 초등학교 1학년 때 창세기를 시작하면 초등학교 6학년 때 요한계시록을 마칠 수 있습니다.

이 책으로 가정예배를 드리는 방식은 다음과 같습니다. 가장 먼저 시간을 정해야 합니다. 개혁주의 교회는 전통적으로 주일 저녁에 가정예배를 드렸습니다. 주일을 온전히 지키는 측면에서도 주일 저녁이 가장 좋다고 생각합니다. 물론 다른 시간에 모여도 무방합니다. 대신 가정예배 시간이 계속 바뀌지 않도록 해야 합니다.

가정예배는 찬송으로 시작하는 것이 좋습니다. 찬송에 앞서 사도신경을 고백할 수도 있습니다. 찬송 이후에는 부모 중 한 명이 시작기도를 드립니다. 다음으로 가정예배 본문을 읽는데, 모든 가족이 돌아가면서 읽는 것을 추천합니다. 본문은 세 개 또는 네 개의 단락으로 구성되어 있습니다. 단락별로 읽으시면 됩니다.

다음은 본문 묵상입니다. 교재에는 묵상을 도와주는 질문이 포함되어 있습니다. 부모는 교재에 있는 질문을 통해 자녀들이 말씀을 잘 이해했는지 확인하고, 이해가 부족할 때는 보충 설명을 해 주어야 합니다. 마지막으로 부모 중 한 명이 마침 기도를 합니다. 아이들이 가정예배에 익숙해지면, 아이들이 돌아가면서 기도하는 것도 좋습니다.

장로교회의 표준문서인 웨스트민스터 예배모범 제8장에는 다음과 같이 기록되어 있습니다. "가정 기도회는 신자의 당연한 의무이므로 가정마다 행할 것이니 매일 성경을 읽고, 기도하며, 찬송함으로 행할 것이다." 따라서 교회는 성도들이 가정예배를 시작하도록 독려해야 하며, 가정예배가 제대로 드려지는지 감독해야 합니다.

저는 한국 교회의 위기가 바로 여기에서 시작되었다고 생각합니다. 신자의 의무이며, 부모의 의무인 가정예배가 사라진 결과, 주일학교의 위기, 그리고 한국 교회의 위기가 시작되었다고 생각합니다. 따라서 가정예배가 회복될 때 비로소 주일학교가 회복되고, 한국 교회가 회복된다고 생각합니다.

아무쪼록 《성경을 따라가는 52주 가정예배》를 통해, 가정예배가 회복되고, 그리하여 주일학교가 회복되고, 마침내 한국 교회가 회복되는 선순환이 일어나기를 소망합니다.

목차

로마서

고린도전후서

갈라디아서 · 에베소서 · 빌립보서 · 골로새서

데살로니가전후서

디모데전후서

디도서 · 빌레몬서 · 히브리서

야고보서 · 베드로전후서

요한일서 · 요한이서 · 요한삼서 · 유다서

요한계시록

51주 거기서 나와 그의 죄에 참여하지 말고 + 230
요한계시록 17-20장 | 찬송가 279장. 인애하신 구세주여

52주 처음 하늘과 처음 땅이 없어졌고 + 234
요한계시록 21-22장 | 찬송가 284장. 오랫동안 모든 죄 가운데 빠져

일주일에 한 번,
온 가족 말씀 동행 프로젝트

로마서

하나님의 복음을 위하여

로마서 1–2장 | 찬송가 284장. 오랫동안 모든 죄 가운데 빠져

> 예수 그리스도의 종 바울은 사도로 부르심을 받아 하나님의 복음을 위하여 택정함을 입었으니(1:1)

바울은 로마 교회 성도들을 만난 적이 없었습니다. 바울은 로마 교회 성도들에게 복음을 가르친 적도 없었습니다. 그래서 바울은 편지로나마 로마 교회 성도들에게 복음을 가르치려고 했습니다. 바로 그것이 로마서입니다. 그래서 로마서는 복음이 무엇인지를 잘 보여 주고 있습니다.

> 이 복음은 하나님이 선지자들을 통하여 그의 아들에 관하여 성경에 미리 약속하신 것이라(1:2)

복음은 하나님의 아들에 관한 것입니다. 예수님이 복음입니다. 그래서 성경의 핵심 주제도 예수님입니다. 구약 성경은 오실 예수님에 관한 것이고, 신약 성경은 오신 예수님에 관한 것입니다.

> 하나님의 진노가 불의로 진리를 막는 사람들의 모든 경건하지 않음과 불의에 대하여 하늘로부터 나타나나니(1:8)

왜 우리에게 복음이 필요할까요? 왜 우리에게 예수님이 필요할까요? 하나님의 진노 때문입니다. 하나님은 죄인들에게 진노하십니다. 하나님은 죄인들에게 영원한 형벌을 선고하십니다. 하나님의 진노와 심판을 피하는 방법은 하나밖에 없습니다. 예수님을 구원자로 믿는 것입니다. 예수님이 우리 대신 하나님의 진노를 받아서 죽으셨음을 믿는 것입니다.

> 그러므로 남을 판단하는 사람아, 누구를 막론하고 네가 핑계하지 못할 것은 남을 판단하는 것으로 네가 너를 정죄함이니 판단하는 네가 같은 일을 행함이니라(2:1)

유대인들은 남을 판단했습니다. 유대인들은 이방인들이 하나님의 심판을 받을 것이라고 말했습니다. 그러면서 자신들은 하나님의 심판을 받지 않을 거라고 생각했습니다. 하지만 바울은 유대인도 심판을 받는다고 말합니다. 유대인들도 이방인들처럼 죄를 지었기 때문입니다. 유대인이기 때문에 자동으로 구원받지 않습니다. 어떤 사람도 자기 능력으로 구원을 얻지 못합니다. 구원의 길은 예수님밖에 없습니다. 예수님을 믿는 사람만 하나님의 심판을 피하고 구원을 얻습니다.

> 이런 이들은 그 양심이 증거가 되어 그 생각들이 서로 혹은 고발하며 혹은 변명하여 그 마음에 새긴 율법의 행위를 나타내느니라(2:15)

예수님을 믿어야만 구원을 얻습니다. 그렇다면 예수님에 관한 복음을 듣지 못한 사람들은 어떻게 될까요? 예수님에 관한 복음을 듣지 못한 사람들은 양심을 기준으로 심판받습니다. 양심은 하나님께서 우리 "마음에 새긴" 율법입니다. 예를 들어 불신자들도 살인과 도둑질이 나쁘다는 것을 압니다. 바로 이것이 양심입니다. 그렇다면 양심으로 구원받을 수도 있을까요? 이론적으로는 가능하지만 실제로는 불가능합니다. 사람은 타락하여 매일 양심을 어기기 때문입니다.

묵상

왜 바울은 로마서를 기록했습니까?

왜 우리에게 복음이 필요합니까?

기도

하나님, 저희는 심판받아 마땅한 죄인입니다. 저희는 날마다 양심과 율법을 어기는 죄인입니다. 그런 저희를 위해 예수님을 보내 주셔서 감사합니다. 예수님을 믿는 믿음을 보시고, 저희를 구원해 주셔서 감사합니다. 예수님 때문에 저희를 구원하셨으니, 이제 저희가 예수님만을 위해서 살아가게 해 주세요. 예수님의 이름으로 기도합니다. 아멘.

율법으로는 죄를 깨달음이니라

로마서 3-4장 | 찬송가 289장. 주 예수 내 맘에 들어와

> 그러므로 율법의 행위로 그의 앞에 의롭다 하심을 얻을 육체가 없나니 율법으로는 죄를 깨달음이니라(3:20)

유대인들은 자신들이 율법을 가지고 있다는 것을 자랑스럽게 생각했습니다. 유대인들은 율법으로 의인이 될 수 있다고 생각했습니다. 하지만 율법으로는 의인이 될 수 없습니다. 율법은 구원의 도구가 아니라, 죄를 깨닫게 하는 도구이기 때문입니다. 만약 사람이 타락하지 않았다면 율법으로 구원을 얻었을 것입니다. 하지만 사람이 타락한 이후로는 아무도 율법으로 의인이 될 수 없고, 율법으로 구원을 얻을 수도 없습니다.

> 이제는 율법 외에 하나님의 한 의가 나타났으니 율법과 선지자들에게 증거를 받은 것이라 곧 예수 그리스도를 믿음으로 말미암아 모든 믿는 자에게 미치는 하나님의 의니 차별이 없느니라 (3:21-22)

율법으로 의인이 될 수 없다면, 어떻게 의인이 될 수 있을까요? 예수님을 믿음으로써 의인이 될 수 있습니다. 예수님은 이 땅에 계시는 동안 율법을 모두 지키셨습니다. 그래서 예수님은 의인입니다. 그리고 하나님께서는 예수님 믿는 사람들을 의인으로 여겨 주십니다. 실제로는 의인이 아니지만, 예수님 때문에 의인으로 여겨 주십니다. 이것을 칭의라고 합니다.

> 곧 이때에 자기의 의로우심을 나타내사 자기도 의로우시며 또한 예수 믿는 자를 의롭다 하려 하심이라 그런즉 자랑할 데가 어디냐 있을 수가 없느니라 무슨 법으로냐 행위로냐 아니라 오직 믿음의 법으로니라(3:26-27)

우리는 신분적으로 죄인이 아니라 의인입니다. 그런데 우리는 율법을 지킴으로써 의인이 되지 않았습니다. 우리는 예수님을 믿음으로써 의인이 되었습니다. 그래서 우리는 자신을 자랑해서는 안 됩니다. 마치 우리가 율법을 다 지켜서 의인이 된 것처럼 교만해서는 안 됩니다. 우리가 자랑할 분은 한 분밖에 없습니다. 우리는 예수님만 자랑해야 합니다. 우리는 예수님의 이름만 높여야 합니다.

> 그런즉 육신으로 우리 조상인 아브라함이 무엇을 얻었다 하리요 만일 아브라함이 행위로써 의롭다 하심을 받았으면 자랑할 것이 있으려니와 하나님 앞에서는 없느니라 성경이 무엇을 말하느냐 아브라함이 하나님을 믿으매 그것이 그에게 의로 여겨진 바 되었느니라(4:1-3)

구약 성도들은 율법으로 의인이 되고, 신약 성도들은 믿음으로 의인이 된다고 생각하는 사람들이 있습니다. 잘못된 생각입니다. 의인이 되는 기준은 하나밖에 없습니다. 믿음입니다. 바울은 구약 성도 가운데 믿음으로 의인이 된 사람을 소개합니다. 바로 아브라함입니다. 하나님은 아브라함에게 자녀를 주신다고 약속하셨습니다. 이 약속은 오랫동안 이뤄지지 않았습니다. 하지만 아브라함은 하나님의 약속을 믿었습니다. 하나님은 이 믿음을 보시고 아브라함을 의인으로 여겨 주셨습니다.

묵상

왜 율법으로는 구원을 얻을 수 없습니까?

칭의란 무엇입니까?

기도

하나님, 저희는 구원받을 자격이 없는 사람들입니다. 저희는 날마다 율법을 어기는 사람들입니다. 그러므로 저희가 겸손하기를 원합니다. 나 자신을 자랑하지 않게 해 주세요. 언제나 예수님만 자랑하고, 예수님만 높이면서 살아가게 해 주세요. 예수님의 이름으로 기도합니다. 아멘.

예수 그리스도로 말미암아 하나님과 화평을 누리자

로마서 5–6장 | 찬송가 292장. 주 없이 살 수 없네

> 그러므로 우리가 믿음으로 의롭다 하심을 받았으니 우리 주 예수 그리스도로 말미암아 하나님과 화평을 누리자(5:1)

예수님을 믿으면 복을 받습니다. 예수님을 믿을 때 받는 최고의 복은 하나님과의 화평입니다. 예수님을 믿는 자들은 하나님 보시기에 죄인이 아닙니다. 예수님을 믿는 자들은 저주와 심판의 대상이 아닙니다. 예수님을 믿는 자들은 하나님 보시기에 의인입니다. 예수님을 믿는 자들은 사랑과 구원의 대상입니다. 바로 이것이 예수님을 믿고서 받는 최고의 복입니다.

> 다만 이뿐 아니라 우리가 환난 중에도 즐거워하나니 이는 환난은 인내를, 인내는 연단을, 연단은 소망을 이루는 줄 앎이로다(5:3-4)

우리는 고난 중에도 하나님의 사랑을 받습니다. 우리가 당하는 고난에는 하나님의 뜻이 있습니다. 하나님은 고난을 통해 우리를 연단하십니다. 하나님은 고난을 통해 우리를 성숙하게 하십니다. 그래서 우리는 환난 중에도 즐거워할 수 있습니다. 고난 중에도 기뻐할 수 있습니다.

> 한 사람이 순종하지 아니함으로 많은 사람이 죄인 된 것 같이 한 사람이 순종하심으로 많은 사람이 의인이 되리라(5:19)

아담은 인류의 대표입니다. 아담의 행동은 모든 인류에게 영향을 미칩니다. 그래서 아담의 불순종으로 모든 인류가 죄인이 되었습니다. 예수님은 신자의 대표입니다. 예수님의 행동은 모든 신자에게 영향을 미칩니다. 그래서 예수님의 순종으로 모든 신자는 의인이 되었습니다. 우리는 아담에게 속한 자가 아니라 예수님께 속한 자입니다. 우리는 믿음으로 예수님께 속한 자입니다. 그래서 우리는 의인입니다. 우리는 더 이상 저주받을 죄인이 아닙니다.

> 무릇 그리스도 예수와 합하여 세례를 받은 우리는 그의 죽으심과 합하여 세례를 받은 줄을 알지 못하느냐(6:3)

바울은 우리가 "예수와 합하여" 있다고 말합니다. 우리가 예수님과 하나가 되었다는 뜻입니다. 예수님과 우리는 성령으로 연결된 하나입니다. 그래서 예수님의 죽음은 곧 우리의 죽음입니다. 예수님께서 죽으신 것은 우리가 죽은 것이나 마찬가지입니다. 그래서 우리는 지옥의 형벌을 받지 않습니다. 마찬가지로 예수님의 순종은 곧 우리의 순종입니다. 예수님께서 율법에 순종하신 것은 우리가 순종한 것이나 마찬가지입니다. 그래서 우리는 하나님 보시기에 의인입니다.

> 그러므로 너희는 죄가 너희 죽을 몸을 지배하지 못하게 하여 몸의 사욕에 순종하지 말고(6:12)

예전에는 죄가 우리의 주인이었습니다. 예전에는 죄가 우리를 지배했습니다. 하지만 지금은 하나님이 우리의 주인입니다. 지금은 하나님께서 우리를 다스리십니다. 그러므로 우리는 더 이상 죄의 노예처럼 살아서는 안 됩니다. 죄의 지배를 받는 삶을 살아서는 안 됩니다. 우리의 주인이신 하나님의 뜻에 순종해야 합니다. 우리의 주인이신 하나님을 기쁘시게 하는 삶을 살아야 합니다.

묵상

예수님을 믿을 때 받는 최고의 복은 무엇입니까?

왜 우리는 환난 중에도 즐거워할 수 있습니까?

기도

하나님, 저희에게 예수님을 믿는 믿음을 주셔서 감사합니다. 예수님을 믿고 하나님과 화평하게 해 주셨으니, 하나님을 영화롭게 하는 삶을 살기 원합니다. 앞으로는 마음껏 죄를 지으며 사는 삶 살지 않게 해 주세요. 하나님의 말씀을 순종함으로 힘써 하나님의 뜻을 행하게 해 주세요. 예수님의 이름으로 기도합니다. 아멘.

예수 안에 있는 자에게는 결코 정죄함이 없나니

로마서 7-8장 | 찬송가 301장. 지금까지 지내온 것

> 형제들아 내가 법 아는 자들에게 말하노니 너희는 그 법이 사람이 살 동안만 그를 주관하는 줄 알지 못하느냐 … 그러므로 내 형제들아 너희도 그리스도의 몸으로 말미암아 율법에 대하여 죽임을 당하였으니(7:1-4)

법은 사람이 살 동안만 영향을 미칠 수 있습니다. 법은 죽은 사람에게는 영향을 미칠 수 없습니다. 율법과 우리의 관계가 그와 같습니다. 우리는 율법에 대하여 죽은 존재입니다. 율법은 우리에게 영향을 미칠 수 없습니다. 이제 우리에게 영향을 미치는 것은 율법이 아니라 예수님입니다. 우리는 율법을 지켜서 구원을 얻지 않고, 예수님을 믿어서 구원을 얻습니다.

> 이제는 우리가 얽매였던 것에 대하여 죽었으므로 율법에서 벗어났으니 이러므로 우리가 영의 새로운 것으로 섬길 것이요 율법 조문의 묵은 것으로 아니할지니라(7:6)

우리는 율법으로 구원을 얻지 않고 믿음으로 구원을 얻습니다. 그렇다면 마음껏 율법을 어겨도 될까요? 마음껏 죄를 지어도 될까요? 그럴 수 없습니다. 바울은 우리가 "영의 새로운 것으로" 섬겨야 한다고 말합니다. 성령님의 도움을 받아서 율법을 지켜야 한다는 뜻입니다. 우리 안에는 성령님이 거하십니다. 성령님은 우리가 율법을 지키며 살게 하시려고, 우리 안에 거하십니다. 그러므로 우리는 율법을 어겨서는 안 됩니다. 성령님의 도움을 받아서 최선을 다해 율법을 지켜야 합니다.

> 그러므로 이제 그리스도 예수 안에 있는 자에게는 결코 정죄함이 없나니(8:1)

이제 우리는 절대로 정죄를 받지 않습니다. 이 말은 죄를 지어도 괜찮다는 뜻이 아닙니다. 우리가 정죄를 받지 않는다는 말은 하나님과 우리의 관계가 변하지 않는다는 뜻입니다. 지금 우리는 하나님의 자녀이고, 하나님의 백성이며, 하나님의 성도입니다. 이 관계는 어떤 일이 있어도 변하지 않습니다. 우리는 앞으로도 영원히 하나님의 자녀이고, 하나님의 백성이며, 하나님의 성도입니다.

> 율법이 육신으로 말미암아 연약하여 할 수 없는 그것을 하나님은 하시나니 곧 죄로 말미암아 자기 아들을 죄 있는 육신의 모양으로 보내어 육신에 죄를 정하사(8:3)

하나님과 우리의 관계가 변하지 않는 이유는 예수님 때문입니다. 예수님께서 우리의 죄를 뒤집어쓰시고, 우리 대신 죽으셨기 때문입니다. 예수님께서 우리 대신 형벌을 받으셨기 때문에, 우리는 형벌을 받지 않습니다. 예수님께서 우리 대신 죽으셨기 때문에 우리는 하나님의 진노를 받지 않습니다. 예수님 때문에 우리의 구원은 안전하고, 예수님 때문에 우리의 신분은 변하지 않습니다.

묵상

왜 우리는 마음껏 율법을 어겨서는 안 됩니까?

우리가 결코 정죄를 받지 않는다는 것은 어떤 의미입니까?

기도

하나님, 저희를 하나님의 백성으로 불러 주셔서 감사합니다. 저희를 하나님의 자녀가 되게 해 주셔서 감사합니다. 저희는 앞으로도 하나님의 백성이요, 하나님의 자녀일 것을 믿습니다. 그러므로 하나님의 백성답게, 하나님의 자녀답게 살아가게 해 주세요. 성령님의 도움을 받아 율법을 행하며 살게 해 주세요. 예수님의 이름으로 기도합니다. 아멘.

깊도다, 하나님의 지혜와 지식의 풍성함이여

로마서 9-11장 | 찬송가 304장. 그 크신 하나님의 사랑

> 내가 그리스도 안에서 참말을 하고 거짓말을 아니하노라 나에게 큰 근심이 있는 것과 마음에 그치지 않는 고통이 있는 것을 내 양심이 성령 안에서 나와 더불어 증언하노니(9:1)

바울의 마음에는 큰 고통이 있었습니다. 바울의 형제와 친척, 그리고 유대인들의 불신앙 때문입니다. 하나님은 유대인들에게 큰 은혜를 베푸셨습니다. 가장 큰 은혜는 예수님이 유대인으로 오신 것입니다. 유대인들은 예수님을 직접 보았고, 예수님의 말씀을 직접 들었습니다. 마땅히 유대인들은 예수님께 영광을 돌려야 했습니다. 하지만 유대인들은 예수님께 영광을 돌리지 않았습니다. 오히려 예수

님을 십자가에 못 박았습니다. 유대인들이 예수님을 영접하지 않는 것이 바울에게는 큰 고통이었습니다. 우리는 어떠합니까? 예수님을 영접하지 않는 사람들을 보면서 마음 아파합니까?

> 또 이사야가 이스라엘에 관하여 외치되 이스라엘 자손들의 수가 비록 바다의 모래 같을지라도 남은 자만 구원을 받으리니(9:27)

대부분의 유대인은 예수님을 영접하지 않았습니다. 심지어 유대인들은 기독교인들을 핍박했습니다. 하지만 모든 유대인이 복음을 거부한 것은 아니었습니다. 유대인들 가운데도 복음을 영접한 사람들이 있었습니다. 바울이 대표적입니다. 바울은 앞장서서 기독교를 박해하는 사람이었으나, 복음을 영접하고 기독교인이 되었습니다. 이것은 이사야 선지자의 예언이 성취된 결과였습니다. 이사야 선지자는 유대인들 가운데 남은 자가 있을 것이라고 예언했습니다. 하나님은 이사야 선지자의 예언을 이루셔서, 유대인들 가운데 구원받는 자들이 있게 하셨습니다.

> 그러므로 믿음은 들음에서 나며 들음은 그리스도의 말씀으로 말미암았느니라(10:17)

바울은 유대인들이 구원받기를 원했습니다. 유대인들이 구원받는 비결은 무엇일까요? 예수님을 믿는 것입니다. 예수님을 믿는 비결은 무엇일까요? 복음을 듣는 것입니다. 바로 이것이 바울이 최선을 다해 유대인들에게 복음을 전한 이유입니다. 믿음은 들음에서 납니다. 하나님의 말씀을 들어야 믿음이 생깁니다. 따라서 우리는 불신

자들에게 복음을 전해야 합니다. 세상 사람들에게 하나님의 말씀을 전해야 합니다.

> 깊도다 하나님의 지혜와 지식의 풍성함이여, 그의 판단은 헤아리지 못할 것이며 그의 길은 찾지 못할 것이로다(11:33)

왜 하나님은 유대인들이 예수님을 십자가에 못 박도록 내버려 두셨을까요? 왜 하나님은 유대인들이 예수님을 거절하고, 교회를 핍박하도록 내버려 두셨을까요? 바울은 이 질문의 답이 너무나 궁금했을 것입니다. 바울은 유대인이었고, 누구보다 유대인의 구원을 위해 노력한 사람이기 때문입니다. 이에 바울은 하나님의 지혜가 깊다고 말합니다. 비록 유대인들이 믿지 않은 이유를 알지 못할지라도, 거기에는 하나님의 깊은 뜻이 있다는 의미입니다. 우리도 마찬가지입니다. 우리에게는 이해하기 어려운 일들이 많이 발생합니다. 그때 우리는 바로 거기에 하나님의 깊은 뜻이 있음을 믿어야 합니다. 우리가 알지 못하는 하나님의 섭리가 있음을 믿어야 합니다.

묵상

왜 바울의 마음에 큰 고통이 있었습니까?

우리는 세상 사람들의 구원을 위해서 무엇을 해야 합니까?

기도

하나님, 믿음은 들음에서 납니다. 복음을 들어야 예수님을 믿을 수 있습니다. 그러므로 저희가 최선을 다해 복음을 전하게 해 주세요. 복음 전하는 것을 부끄러워하지 않게 해 주세요. 저희가 복음을 전할 때, 사람들이 예수님을 영접할 수 있도록 도와주세요. 그리하여 하나님의 나라가 확장되게 해 주세요. 예수님의 이름으로 기도합니다. 아멘.

너희 몸을 하나님이 기뻐하시는 거룩한 산 제물로 드리라

로마서 12-13장 | 찬송가 310장. 아 하나님의 은혜로

> 그러므로 형제들아 내가 하나님의 모든 자비하심으로 너희를 권하노니 너희 몸을 하나님이 기뻐하시는 거룩한 산 제물로 드리라 이는 너희가 드릴 영적 예배니라(12:1)

지금까지 바울은 우리가 하나님께 받은 은혜를 설명했습니다. 이제부터 바울은 은혜받은 자의 삶을 설명합니다. 은혜 받은 자는 하나님께 "거룩한 산 제물"을 드려야 합니다. "거룩한 산 제물"은 '거룩하게 살아가는 제물'을 의미합니다. 그러므로 우리는 거룩한 삶을 살아야 합니다. 양이나 소를 하나님께 드릴 것이 아니라, 거룩한 삶을

하나님께 드려야 합니다. 하나님은 우리의 거룩한 삶을 기쁘게 받으십니다.

> 너희는 이 세대를 본받지 말고 오직 마음을 새롭게 함으로 변화를 받아 하나님의 선하시고 기뻐하시고 온전하신 뜻이 무엇인지 분별하도록 하라(12:2)

우리는 거룩한 삶으로 하나님을 기쁘시게 해야 합니다. 거룩한 삶을 살기 위해서는 첫째, 마음을 새롭게 해야 합니다. 우리의 마음을 하나님의 말씀으로 거룩하게 해야 합니다. 우리의 생각을 기도로 거룩하게 해야 합니다. 둘째, 하나님의 뜻을 분별해야 합니다. 어떻게 행동하는 것이 하나님의 뜻인지를 생각해야 합니다. 어떻게 결정하는 것이 하나님의 뜻인지를 고민해야 합니다.

> 형제를 사랑하여 서로 우애하고 존경하기를 서로 먼저 하며 부지런하여 게으르지 말고 열심을 품고 주를 섬기라 소망 중에 즐거워하며 환난 중에 참으며 기도에 항상 힘쓰며 성도들의 쓸 것을 공급하며 손 대접하기를 힘쓰라 너희를 박해하는 자를 축복하라 축복하고 저주하지 말라(12:10-14)

바울은 거룩한 삶을 좀 더 구체적으로 설명합니다. 거룩한 삶은 먼저 존경하는 삶입니다. 거룩한 삶은 부지런한 삶입니다. 거룩한 삶은 고난을 참는 삶입니다. 거룩한 삶은 기도에 항상 힘쓰는 삶입니다. 거룩한 삶은 성도들에게 선물을 주는 삶입니다. 거룩한 삶은 손님을 대접하는 삶입니다. 거룩한 삶은 원수를 축복하는 삶입니다.

> 각 사람은 위에 있는 권세들에게 복종하라 권세는 하나님으로부터 나지 않음이 없나니 모든 권세는 다 하나님께서 정하신 바라(13:1)

하나님은 교회를 통해서 성도들의 영혼을 보호하시고, 국가를 통해 성도들의 몸을 보호하십니다. 하나님의 군대와 경찰 같은 국가 조직을 통해 성도들의 몸을 안전하게 지켜 주십니다. 그러므로 우리는 국가의 권력을 인정해야 합니다. 국가의 통치자들을 존중해야 합니다. 국가가 정한 법을 잘 지켜야 합니다.

> 너희가 조세를 바치는 것도 이로 말미암음이라 그들이 하나님의 일꾼이 되어 바로 이 일에 항상 힘쓰느니라(13:6)

하나님은 국가를 통해 교회를 보호하십니다. 그러므로 성도들은 성실하게 세금을 납부하고, 국가는 정직하게 세금을 사용해야 합니다. 국민이 세금을 내지 않거나 국가가 세금을 부당하게 사용할 때, 국가는 교회를 보호하는 일을 제대로 할 수 없습니다.

묵상

거룩한 삶을 살기 위해서 무엇을 행해야 합니까?

하나님은 무엇을 통해서 성도들의 몸과 마음을 보호하십니까?

기도

하나님, 저희는 구원받은 사람입니다. 그러므로 깨끗한 마음을 가지고 살아가길 원합니다. 저희가 하나님의 뜻을 분별하며 살아가게 해 주세요. 그리하여 하나님을 기쁘시게 하는 사람이 되게 해 주세요. 예수님의 이름으로 기도합니다. 아멘.

사나 죽으나 우리가 주의 것이로다

로마서 14-16장 | 찬송가 314장. 내 구주 예수를 더욱 사랑

> 믿음이 연약한 자를 너희가 받되 그의 의견을 비판하지 말라 어떤 사람은 모든 것을 먹을 만한 믿음이 있고 믿음이 연약한 자는 채소만 먹느니라(14:1-2)

어느 교회에나 믿음이 연약한 사람이 있습니다. 우리는 그들을 성급하게 비판해서는 안 됩니다. 대신 그들을 이해하기 위해 노력해야 합니다. 그들을 위해서 기도해 주어야 합니다. 그들이 성장할 때까지 기다려 주어야 합니다.

> 우리 중에 누구든지 자기를 위하여 사는 자가 없고 자기를 위하여 죽는 자도 없도다 우리가 살아도 주를 위하여 살고 죽어도 주를 위하여 죽나니 그러므로 사나 죽

> 으나 우리가 주의 것이로다(14:7-8)

하나님은 우리를 창조하셨습니다. 또한 우리를 구원하셨습니다. 따라서 하나님은 우리의 주인이십니다. 우리 몸의 주인, 그리고 우리 인생의 주인은 하나님이십니다. 그러므로 우리는 하나님을 위해서 살아야 합니다. 하나님께 우리의 인생을 드려야 합니다. 공부하는 목적도 하나님이 되어야 하고, 일하는 목적도 하나님이 되어야 합니다.

> 믿음이 강한 우리는 마땅히 믿음이 약한 자의 약점을 담당하고 자기를 기쁘게 하지 아니할 것이라(15:1)

교회에도 갈등이 있을 수 있습니다. 교회에서 갈등이 발생하면 어떻게 해결해야 할까요? 교회가 갈등을 해결하는 방법은 믿음이 강한 자가 양보하는 것입니다. 믿음이 약한 자를 배려하는 것입니다. 진리에 관한 문제에는 절대로 양보해서는 안 됩니다. 하지만 진리와 상관없는 문제에는 자기 의견을 양보할 수 있어야 합니다. 바로 그것이 교회가 갈등을 해결하는 방법입니다.

> 너희는 그리스도 예수 안에서 나의 동역자들인 브리스가와 아굴라에게 문안하라 그들은 내 목숨을 위하여 자기들의 목까지도 내놓았나니 나뿐 아니라 이방인의 모든 교회도 그들에게 감사하느니라(16:3-4)

바울은 브리스가와 아굴라 부부에게 감사하라고 말합니다. 브리스가와 아굴라 부부가 목숨을 걸고 바울을 도와주었기 때문입니다. 브리스가와 아굴라 부부가 목숨을 걸고 이방인 교회를 섬겼기 때문입니다. 이 부부의 헌신이 있었기에 바울이 성공적으로 사역할 수 있었고, 이 부부의 헌신 때문에 수많은 이방 교회가 세워질 수 있었습니다. 지금도 브리스가와 아굴라 부부처럼 최선을 다해 교회를 섬기는 사람들이 있습니다. 우리는 그들에게 감사하는 사람이 되어야 합니다. 그리고 우리도 브리스가와 아굴라 부부처럼 교회를 섬기는 사람이 되어야 합니다.

묵상

믿음이 연약한 사람을 어떻게 대해야 합니까?

교회가 갈등을 해결하는 방법은 무엇입니까?

기도

하나님, 브리스가와 아굴라 부부는 목숨을 걸고 교회를 섬겼습니다. 그리스도를 섬기듯 그리스도의 몸 된 교회를 섬겼습니다. 저희도 이 부부처럼 교회를 사랑하기 원합니다. 최선을 다해 교회를 섬기게 해 주세요. 그리고 교회를 위해서 헌신하는 사람들에게 감사하는 마음을 가지게 해 주세요. 예수님의 이름으로 기도합니다. 아멘.

일주일에 한 번,
온 가족 말씀 동행 프로젝트

고린도전후서

은혜와 평강이 있기를 원하노라

고린도전서 1-2장 | 찬송가 320장. 나의 죄를 정케 하사

> 하나님의 뜻을 따라 그리스도 예수의 사도로 부르심을 받은 바울과 형제 소스데네는 고린도에 있는 하나님의 교회(1:1-2)

고린도전서는 바울이 보낸 편지입니다. 바울이 편지를 보낸 대상은 고린도 교회입니다. 당시 고린도 교회는 여러 가지 문제를 안고 있었습니다. 고린도 교회는 여러 그룹으로 나누어져 있었고, 성도들끼리 고발하고 있었으며, 성적인 문제가 만연해 있었습니다. 우리는 고린도전서를 통해 교회의 문제를 해결하는 지혜를 얻을 수 있습니다. 또한 거룩한 교회를 세우기 위해 어떤 노력을 해야 하는지도 알 수 있습니다.

> 하나님 우리 아버지와 주 예수 그리스도로부터 은혜와 평강이 있기를 원하노라(1:3)

바울은 고린도 교회에 은혜와 평강이 있기를 기도합니다. 은혜와 평강은 항상 짝으로 등장합니다. 은혜가 있는 곳에 평강이 있기 때문입니다. 은혜는 평강의 원인이고 평강은 은혜의 결과입니다. 세상 사람들은 돈이 많거나 인기가 많아야 평강을 누릴 수 있다고 생각합니다. 하지만 하나님의 은혜 없이는 평강을 누릴 수 없습니다. 그래서 우리는 은혜 받기 위해 노력해야 합니다. 예배의 자리로 나아가야 하고, 말씀과 기도의 자리로 나아가야 합니다. 그리할 때 평강을 누릴 수 있습니다.

> 내 형제들아 글로에의 집 편으로 너희에 대한 말이 내게 들리니 곧 너희 가운데 분쟁이 있다는 것이라(1:11)

당시 고린도 교회에는 분쟁이 있었습니다. 고린도 성도들은 편을 갈라서 싸웠습니다. 교회는 그리스도의 몸입니다. 따라서 교회가 편을 나누어 싸우는 것은 그리스도의 몸을 파괴하는 행위입니다. 그러한 교회에는 은혜가 있을 수 없고, 열매가 있을 수 없습니다. 지금도 많은 교회가 분쟁을 겪고 있습니다. 우리는 이러한 일이 그리스도의 몸을 무너뜨리는 일이라는 것을 명심해야 합니다.

> 오직 하나님이 성령으로 이것을 우리에게 보이셨으니 성령은 모든 것 곧 하나님의 깊은 것까지도 통달하시느니라(2:10)

하나님은 성령님을 통해 하나님의 뜻을 알려 주십니다. 성령님께서 특별한 환상이나 계시를 주신다는 뜻이 아닙니다. 성령님을 통해서만 성경을 이해한다는 뜻입니다. 성령님이 도와주셔야만 성경을 올바르게 이해할 수 있다는 뜻입니다. 이것을 '성령의 조명'이라고 합니다. 따라서 우리는 성경을 읽기 전에 하나님의 도움을 구해야 합니다. 성령님께서 성경을 이해할 수 있는 지혜를 주시길 기도해야 합니다.

묵상

왜 은혜와 평강은 짝으로 등장합니까?

성령의 조명이란 무엇입니까?

기도

하나님, 고린도 교회에 여러 가지 문제가 있었던 것처럼, 우리 교회에도 여러 가지 문제가 있습니다. 이 문제들이 잘 해결되게 해 주세요. 하나님의 은혜로 말미암아 하나님의 뜻 안에서 문제들이 잘 해결되고, 우리 교회에 하나님의 평강이 충만하게 해 주세요. 예수님의 이름으로 기도합니다. 아멘.

오직 자라게 하시는 이는 하나님뿐이니라

고린도전서 3-5장 | 찬송가 365장. 마음속에 근심 있는 사람

> 나는 심었고 아볼로는 물을 주었으되 오직 하나님께서 자라나게 하셨나니 그런즉 심는 이나 물 주는 이는 아무것도 아니로되 오직 자라게 하시는 이는 하나님뿐이니라(3:6-7)

고린도 교회는 여러 그룹으로 나누어져 있었습니다. 어떤 사람은 자신을 '아볼로파'라고 주장했고, 어떤 사람은 자신을 '바울파'라고 주장했습니다. 이처럼 사람을 지나치게 높이는 태도가 고린도 교회를 혼란스럽게 만들었습니다. 그래서 바울은 자신과 아볼로는 물을 주었을 뿐, 자라나게 하신 분은 하나님이라고 말합니다. 교회가 영광을 돌려야 할 대상은 하나님뿐이며, 사람은 하나님의 도구에 지나

지 않는다는 뜻입니다. 우리는 모든 영광을 하나님께만 돌려야 합니다. 사람을 지나치게 높여서는 안 됩니다.

> 너희는 너희가 하나님의 성전인 것과 하나님의 성령이 너희 안에 계시는 것을 알지 못하느냐 누구든지 하나님의 성전을 더럽히면 하나님이 그 사람을 멸하시리라 하나님의 성전은 거룩하니 너희도 그러하니라(3:16-17)

성령 하나님은 우리 안에 거하십니다. 성도의 몸은 성령 하나님이 거하시는 성전입니다. 구약 시대에는 예루살렘 신전이 성전이었다면, 지금은 성도의 몸이 성전입니다. 따라서 우리는 몸을 거룩하게 해야 합니다. 거룩한 생각, 거룩한 언어, 거룩한 행동을 해야 합니다. 부정한 생각, 부정한 언어, 부정한 행동은 하나님의 성전을 더럽히는 일입니다.

> 맡은 자들에게 구할 것은 충성이니라(4:2)

바울은 '맡은 자들'의 사명이 충성이라고 말합니다. '맡은 자들'로 번역된 헬라어의 원래 의미는 청지기입니다. 청지기는 주인의 재산을 대신 관리하는 종을 의미합니다. 우리는 하나님의 청지기입니다. 우리는 하나님의 재산을 대신 관리하는 종입니다. 우리 몸은 사실 우리의 것이 아닙니다. 하나님께서 우리에게 맡겨 주신 것입니다. 따라서 우리의 몸조차도 마음대로 사용해서는 안 됩니다. 우리의 재산도 마찬가지입니다. 우리의 모든 것이 사실은 하나님의 것임을 알고, 하나님의 뜻대로 사용해야 합니다.

❙ 적은 누룩이 온 덩어리에 퍼지는 것을 알지 못하느냐(5:6)

당시 고린도 교회에는 성적인 죄를 짓는 사람들이 있었습니다. 고린도 교회는 그들의 죄에 침묵했습니다. 세상 사람들보다 더 음란한 자들이 교회 안에 있었지만, 고린도 교회는 성적인 죄를 덮으려고 했습니다. 그래서 바울은 적은 누룩이 온 덩어리에 퍼진다는 사실을 명심하라고 경고합니다. 적은 누룩이 온 반죽을 크게 부풀게 만드는 것처럼, 죄는 온 교회로 퍼져 나가는 습성이 있습니다. 따라서 교회는 죄를 덮으려고 해서는 안 됩니다. 죄를 엄격하게 다루어야 합니다. 그렇지 않으면 죄가 순식간에 퍼져서 온 교회를 부패하게 만들 수 있습니다.

묵상

지금은 무엇이 하나님의 성전입니까?

우리는 하나님의 청지기입니다. 따라서 우리는 하나님의 청지기로서 어떻게 살아야 합니까?

기도

하나님, 저희는 하나님의 청지기입니다. 저희가 가진 모든 것은 하나님의 것입니다. 저희의 몸도, 시간도, 재산도 모두 하나님의 것입니다. 그러므로 저희의 시간과 재산을, 하나님을 위해 사용하게 해 주세요. 하나님의 뜻대로 시간과 물질을 사용하게 해 주세요. 예수님의 이름으로 기도합니다. 아멘.

모든 것이 내게 가하나 다 유익한 것이 아니요

고린도전서 6–7장 | 찬송가 384장. 나의 갈 길 다가도록

> 너희 중에 누가 다른 이와 더불어 다툼이 있는데 구태여 불의한 자들 앞에서 고발하고 성도 앞에서 하지 아니하느냐(6:1)

교회는 하나님의 증인입니다. 교회는 세상에 하나님을 보여 주어야 합니다. 교회가 세상에 하나님을 보여 주는 방법은 서로 사랑하는 것입니다. 교회가 서로 사랑할 때, 세상은 그 모습을 보고 하나님을 알게 됩니다. 그런데 고린도 교회는 서로 사랑하는 모습을 보여 주지 않았습니다. 오히려 서로 고발하는 모습을 세상에 보여 주었습니다. 이것은 교회의 본질을 망각한 일입니다. 우리가 세상에 보여 주어야 하는 것은 서로 고발하는 모습이 아니라, 서로 사랑하는 모습

입니다.

> 모든 것이 내게 가하나 다 유익한 것이 아니요 모든 것이 내게 가하나 내가 무엇에든지 얽매이지 아니하리라(6:12)

우리는 오직 은혜로 구원을 얻습니다. 아무리 큰 죄인이라도, 예수님을 믿으면 구원을 얻습니다. 아무리 큰 죄를 지었더라도, 예수님을 믿으면 깨끗하게 용서를 받습니다. 그런데 고린도 교회에는 이 진리를 왜곡하는 자들이 있었습니다. 은혜로 구원을 받기 때문에, 죄를 지어도 상관없다고 주장하는 자들이 있었습니다. 이에 바울은 모든 것이 유익하지 않다고 말합니다. 구원받은 성도가 마음껏 죄를 지어서는 안 된다는 뜻입니다. 하나님께서 우리를 은혜로 구원하신 목적은 우리가 마음껏 죄를 짓는 것이 아닙니다. 하나님께서 우리를 은혜로 구원하신 목적은 우리가 마음껏 선을 행하는 것입니다.

> 남편은 그 아내에 대한 의무를 다하고 아내도 그 남편에게 그렇게 할지라(7:3)

고린도 교회에는 결혼 제도를 오해하는 사람들이 있었습니다. 그래서 바울은 결혼에 대해 자세하게 설명합니다. 세상 사람들은 자신의 이익을 위해서 결혼합니다. 자신에게 이익이 되면 결혼하고, 이익이 되지 않으면 결혼하지 않습니다. 바울은 그것이 하나님의 뜻이 아니라고 말합니다. 바울은 결혼이란 상대방에 대한 "의무를 다하는" 것이라고 말합니다. 결혼은 나의 이익이 아니라 상대방의 이익을 위한 것이라는 뜻입니다. 이처럼 결혼은 서로를 섬기겠다는 약속입니다. 평생 서로를 위해 헌신하겠다는 약속입니다.

> 결혼한 자들에게 내가 명하노니 (명하는 자는 내가 아니요 주시라) 여자는 남편에게서 갈라서지 말고 (만일 갈라섰으면 그대로 지내든지 다시 그 남편과 화합하든지 하라) 남편도 아내를 버리지 말라(7:10-11)

바울은 아내는 남편을 버리지 말고, 남편은 아내를 버리지 말라고 말합니다. 그러면서 이것은 하나님의 명령이라고 말합니다. 하나님은 우리의 이혼을 허락하지 않으십니다. 우리가 보기에는 두 사람의 선택으로 결혼한 것 같아도, 사실은 하나님께서 두 사람을 짝지어 주신 것이기 때문입니다. 그러므로 이혼하고 싶은 마음이 생길 때는 두 사람을 만나게 하신 하나님의 뜻을 생각해야 합니다. 만약 두 사람의 마음이 너무나 멀어져 있다면 다시 가까워질 수 있도록 노력해야 합니다.

묵상

교회가 세상에 하나님을 보여 주는 방법은 무엇입니까?

바울은 결혼이 무엇이라고 말합니까?

기도

하나님, 저희는 성적으로 타락한 세상을 살아가고 있습니다. 특히 결혼 제도가 매우 타락한 시대를 살고 있습니다. 시대가 그러할지라도 저희는 성적으로 거룩한 삶을 살아가길 원합니다. 결혼을 제정하신 하나님의 뜻대로 연애하게 해 주세요. 하나님의 뜻대로 결혼하게 해 주세요. 예수님의 이름으로 기도합니다. 아멘.

지식은 교만하게 하며 사랑은 덕을 세우나니

고린도전서 8–10장 | 찬송가 405장. 주의 친절한 팔에 안기세

> 우상의 제물에 대하여는 우리가 다 지식이 있는 줄을 아나 지식은 교만하게 하며 사랑은 덕을 세우나니(8:1)

고린도 교회가 분쟁한 이유 중 하나는 '우상의 제물' 문제였습니다. 우상에게 바쳐진 고기를 먹는 문제는 초대 교회의 중요한 갈등 요인이었습니다. 사실 우상에게 바쳐진 고기를 먹는 것은 이론상으로는 아무 문제가 없었습니다. 우상은 아무것도 아니기에, 우상에게 바쳐진 고기에도 아무 문제가 없었기 때문입니다. 하지만 바울은 우상에게 바쳐진 고기를 먹지 않는 것이 바람직하다고 말합니다. 그것이 믿음이 연약한 자들에게 오해나 상처를 줄 수 있기 때문입니다. 이

처럼 우리는 다른 사람을 배려하는 말과 행동을 해야 합니다. 다른 사람에게 오해나 상처를 줄 수 있는 말과 행동은 자제해야 합니다.

> 나를 비판하는 자들에게 변명할 것이 이것이니 우리가 먹고 마실 권리가 없겠느냐(9:3-4)

입으로만 가르치는 사람이 있습니다. 말과 행동이 다른 사람이 있습니다. 가르치는 것과 살아가는 것이 다른 사람이 있습니다. 이런 사람은 참된 교사가 아닙니다. 이런 사람은 다른 사람에게 긍정적인 영향을 미치지 못합니다. 바울은 참된 교사였습니다. 바울은 입으로만 가르치는 사람이 아니었습니다. 바울은 믿음이 연약한 자들을 배려하기 위해 "먹고 마실 권리"를 제한했습니다. 고기와 술을 먹는 것이 아무 문제 되지 않았지만, 믿음이 연약한 자들을 위해 고기와 술을 먹지 않았습니다. 우리도 바울과 같은 사람이 되어야 합니다. 아는 것을 실천하는 사람이 되어야 합니다. 말과 행동이 일치하는 사람이 되어야 합니다.

> 내가 모든 사람에게서 자유로우나 스스로 모든 사람에게 종이 된 것은 더 많은 사람을 얻고자 함이라(9:19)

바울은 무엇이든 마음대로 할 수 있는 자유인의 신분을 가지고 있었습니다. 하지만 바울은 하고 싶은 것을 마음대로 하지 않았습니다. 바울은 다른 사람을 배려하기 위해 말과 행동을 절제했습니다. 바울은 마치 다른 사람의 종이 된 것처럼, 다른 사람을 배려하는 말과 행동을 했습니다. 바로 이것이 그리스도인의 삶입니다. 그리스도인은 다른 사람을 배려하는 사람입니다. 그리스도인은 다른 사람이 싫어하는 말과 행동을 하지 않고, 다른 사람이 좋아하는 말과 행동을 하는 사람입니다.

> 그들 가운데 어떤 사람들이 원망하다가 멸망시키는 자에게 멸망하였나니 너희는 그들과 같이 원망하지 말라(10:10)

바울은 조상들에 관해 말합니다. 하나님은 이스라엘을 애굽에서 구원하시고, 가나안으로 인도하셨습니다. 이스라엘은 가나안으로 가기 위해 광야를 지나야 했습니다. 이스라엘은 광야를 지나는 동안 끊임없이 하나님을 원망했습니다. 가나안으로 가기 위해 반드시 광야를 통과해야 했음에도 계속해서 하나님께 불평을 쏟아 놓았습니다. 그 결과 이스라엘은 하나님의 심판을 받았습니다. 우리는 이스라엘처럼 행동하지 말아야 합니다. 어려움을 겪을 때 하나님을 원망하지 말아야 합니다. 대신 어려움을 잘 해결하게 해 달라고 기도해야 합니다. 원망은 우리를 망하게 하지만, 기도는 우리를 성장하게 합니다.

묵상

왜 바울은 '우상의 제물'을 먹지 말라고 했습니까?

왜 바울은 다른 사람의 종처럼 행동했습니까?

기도

하나님, 그리스도인은 다른 사람을 배려하는 사람임을 믿습니다. 저희가 다른 사람을 좀 더 배려하는 말과 행동을 하게 해 주세요. 다른 사람에게 상처를 주는 말과 행동을 하지 않고, 기쁨을 주는 말과 행동을 하게 해 주세요. 예수님의 이름으로 기도합니다. 아멘.

각 사람에게 성령을 나타내심은 유익하게 하려 하심이라

고린도전서 11-12장 | 찬송가 406장. 곤한 내 영혼 편히 쉴 곳과

> 너희는 스스로 판단하라 여자가 머리를 가리지 않고 하나님께 기도하는 것이 마땅하냐 만일 남자에게 긴 머리가 있으면 자기에게 부끄러움이 되는 것을 본성이 너희에게 가르치지 아니하느냐(11:13-14)

바울은 여자에게는 긴 머리가 어울리고, 남자에게는 짧은 머리가 어울린다고 말합니다. 이것은 여자는 긴 머리만 하고, 남자는 짧은 머리만 하라는 말이 아닙니다. 바울의 의도는 하나님께서 남자와 여자를 다르게 창조하셨다는 것입니다. 남자의 역할과 여자의 역할이 다르다는 것입니다. 세상 사람들은 남자와 여자의 역할을 구분하는 것

을 시대착오적이라고 비판합니다. 하지만 우리는 세상의 소리보다 하나님의 소리를 들어야 합니다. 하나님의 뜻은 남자는 남자답게, 여자는 여자답게 사는 것입니다.

> 그런즉 너희가 함께 모여서 주의 만찬을 먹을 수 없으니 이는 먹을 때에 각각 자기의 만찬을 먼저 갖다 먹으므로 어떤 사람은 시장하고 어떤 사람은 취함이라(11:20-21)

고린도 교회는 함께 모여서 성찬을 행하지 않았습니다. 고린도 교회의 부자 성도들은 자신들끼리 따로 모여서 성찬을 행했습니다. 이것으로 인해 고린도 교회는 분열되었고, 계속해서 분쟁을 겪었습니다. 교회는 하나님을 아버지로 하는 한 가족입니다. 교회는 한 형제요 자매입니다. 그러므로 교회는 하나 되기에 힘써야 합니다. 나와 비슷한 사람하고만 어울릴 것이 아니라, 나와 다른 사람과 잘 지내기 위해서도 노력해야 합니다.

> 은사는 여러 가지나 성령은 같고 직분은 여러 가지나 주는 같으며 또 사역은 여러 가지나 모든 것을 모든 사람 가운데서 이루시는 하나님은 같으니 각 사람에게 성령을 나타내심은 유익하게 하려 하심이라(12:4-7)

오늘날 은사에 대해서 잘못된 생각을 가지고 있는 성도들이 많습니다. 고린도 교회도 마찬가지였습니다. 그래서 바울은 은사에 대해서 설명합니다. 본문에서 다음과 같은 사실을 알 수 있습니다. 첫째, 은사는 하나님께서 주신 재능입니다. 둘째, 하나님은 성령을 통해 은사를 주십니다. 셋째, 은사를 가지고 교회를 섬기는 것을 직분이라고 합니다. 넷째, 하나님께서 은사를 주신 목적은 교회를 유익하게 하는 것입니다. 따라서 우리는 하나님께서 주신 재능을 교회를 위해서 사용해야 합니다. 어떤 재능이든 나의 성공만을 위해 사용하는 것은 올바르지 않습니다.

> 눈이 손더러 내가 너를 쓸 데가 없다 하거나 또한 머리가 발더러 내가 너를 쓸 데가 없다 하지 못하리라(12:21)

바울은 눈이 손을 비판하거나, 머리가 발을 비판해서는 안 된다고 말합니다. 이것은 다른 사람의 은사를 판단하지 말라는 뜻입니다. 하나님은 우리를 다르게 창조하셨습니다. 하나님은 우리에게 다른 은사를 주셨습니다. 하나님께서 은사를 주셨다는 점에서, 더 좋은 은사나 더 나쁜 은사는 없습니다. 모든 은사는 그 자체로 좋은 은사입니다. 따라서 자신의 은사를 더 높게 평가하거나, 다른 사람의 은사를 더 낮게 평가해서는 안 됩니다. 다른 사람의 은사는 칭찬해 주어야 하며, 자신의 은사는 자랑하지 말아야 합니다.

묵상

하나님은 남자와 여자를 어떻게 창조하셨습니까?

성경은 은사에 대해서 어떻게 말합니까?

기도

하나님, 저희에게 여러 가지 재능을 주셔서 감사합니다. 하나님께서 주신 재능을 교회의 유익을 위해 사용하게 해 주세요. 다른 사람을 섬기는 일에 사용하게 해 주세요. 다른 사람의 재능을 부러워하거나 비판하지 않고, 겸손하게 저희의 재능을 사용하게 해 주세요. 예수님의 이름으로 기도합니다. 아멘.

사랑이 없으면 소리 나는 구리와 울리는 꽹과리가 되고

고린도전서 13-14장 | 찬송가 412장. 내 영혼의 그윽히 깊은 데서

> 내가 사람의 방언과 천사의 말을 할지라도 사랑이 없으면 소리 나는 구리와 울리는 꽹과리가 되고(13:1)

당시 고린도 교회에는 자신의 은사를 자랑하고, 다른 사람의 은사를 깔보는 사람들이 있었습니다. 그래서 바울은 천사의 말도 사랑이 없으면 소음에 불과하다고 말합니다. 아무리 대단한 은사를 가지고 있어도, 사랑하는 목적으로 사용하지 않으면 소용이 없다는 뜻입니다. 사랑은 은사를 사용하는 방법입니다. 동시에 은사를 사용하는 목적입니다. 우리는 사랑하는 방법으로, 사랑하기 위해서 은사를

사용해야 합니다.

> 사랑은 오래 참고 사랑은 온유하며 시기하지 아니하며 사랑은 자랑하지 아니하며 교만하지 아니하며(13:4)

은사는 사랑을 통해서 표현되어야 합니다. 은사는 사랑하기 위해서 사용되어야 합니다. 그렇다면 사랑은 무엇일까요? 첫째, 사랑은 오래 참는 것입니다. 나와 다른 사람을 참고 기다려 주는 것입니다. 둘째, 사랑은 온유한 것입니다. 힘으로 억누르지 않고 친절하게 행하는 것입니다. 셋째, 사랑은 시기하지 않는 것입니다. 상대방이 안 되기를 바라는 대신 잘되기를 바라는 것입니다. 넷째, 사랑은 자랑하거나 교만하지 않는 것입니다. 자신을 높이기 위해서 다른 사람을 깎아내리지 않는 것입니다.

> 나는 너희가 다 방언 말하기를 원하나 특별히 예언하기를 원하노라 만일 방언을 말하는 자가 통역하여 교회의 덕을 세우지 아니하면 예언하는 자만 못하니라(14:5)

당시 고린도 교회는 은사를 올바르게 사용하지 않았습니다. 자신의 은사를 자랑하는 사람이 있었고, 다른 사람의 은사를 깎아 내리는 사람들이 있었습니다. 그래서 바울은 방언보다는 예언을 하라고 말합니다. 방언은 하나님 앞에서 개인적으로 누리는 은혜라면, 예언은 교회를 섬기는 사역입니다. 따라서 바울의 강조점은 다른 사람을 섬기는 일에 은사를 사용하라는 것입니다. 하나님께서 우리에게 주신 은사는 무엇입니까? 우리는 다른 사람을 섬기는 일에 은사를 사용하고 있습니까?

> 그러나 교회에서 네가 남을 가르치기 위하여 깨달은 마음으로 다섯 마디 말을 하는 것이 일만 마디 방언으로 말하는 것보다 나으니라(14:19)

고린도 교회는 은사를 오해하고 있었습니다. 특히 방언의 은사를 오해하고 있었습니다. 방언의 은사를 가진 사람들은 교만했고, 방언의 은사를 가지지 못한 사람들은 방언의 은사를 가진 사람들을 질투했습니다. 그래서 바울은 일만 마디의 방언보다 남을 가르치는 다섯 마디의 말이 더 낫다고 말합니다. 방언 때문에 교만한 마음을 가지는 것보다는, 겸손하게 다른 사람을 섬기는 것이 만 배나 더 나은 일이라는 뜻입니다. 핵심은 '섬김'입니다. 하나님께서 우리에게 은사를 주신 목적은 다른 사람을 섬기는 것입니다. 우리의 재능은 교회를 섬기는 일에 사용되어야 합니다.

묵상

사랑의 특징 네 가지는 무엇입니까?

왜 바울은 방언보다 예언을 하라고 했습니까?

기도

하나님, 저희에게 주신 재능을 남과 비교하면서 교만했다면 용서해 주세요. 하나님께서 저희에게 주신 은사를 사랑으로 표현하게 해 주세요. 사랑하는 목적으로 사용하게 해 주세요. 은사를 통해 다른 사람을 섬기고, 재능을 가지고 교회를 섬기게 해 주세요. 예수님의 이름으로 기도합니다. 아멘.

죽은 자의 부활이 없으면 그리스도도 다시 살아나지 못하셨으리라

고린도전서 15–16장 | 찬송가 423장. 먹보다도 더 검은

> 내가 받은 것을 먼저 너희에게 전하였노니 이는 성경대로 그리스도께서 우리 죄를 위하여 죽으시고 장사 지낸 바 되셨다가 성경대로 사흘 만에 다시 살아나사 (15:3–4)

바울은 복음의 핵심에 관해 설명합니다. 바울은 복음의 핵심을 두 가지로 설명합니다. 하나는 예수님의 죽음이고, 하나는 예수님의 부활입니다. 예수님의 죽음이 중요한 이유는 예수님의 죽음이 우리 대신 죽으신 죽음이기 때문입니다. 예수님이 우리 대신 죽으셨기에 우리는 영원한 죽음, 즉 지옥의 형벌을 받지 않습니다. 예수님의 부

활이 중요한 이유는 예수님의 부활이 우리를 새롭게 하는 부활이기 때문입니다. 부활하신 예수님께서 성령을 보내 주셨기에, 우리는 이전과는 다르게 거룩한 삶을 살 수 있습니다.

> 그리스도께서 죽은 자 가운데서 다시 살아나셨다 전파되었거늘 너희 중에서 어떤 사람들은 어찌하여 죽은 자 가운데서 부활이 없다 하느냐 만일 죽은 자의 부활이 없으면 그리스도도 다시 살아나지 못하셨으리라(15:12-13)

고린도 교회 성도 중 일부는 예수님의 부활을 믿지 않았습니다. 하지만 예수님의 부활은 수많은 증인을 가진 역사적 사실입니다. 예수님의 제자들은 예수님의 부활을 증언하다가 목숨을 잃었습니다. 제자들이 예수님의 부활을 실제로 보지 않았다면, 목숨을 걸고 예수님의 부활을 증언하지 않았을 것입니다. 예수님의 부활이 역사적 사실이기에, 우리의 부활도 확실한 사실입니다. 죽음에서 부활하신 예수님처럼, 우리도 죽음을 이기고 부활할 것입니다.

> 성도를 위하는 연보에 관하여는 내가 갈라디아 교회들에게 명한 것 같이 너희도 그렇게 하라(16:1)

바울은 고린도 교회가 건강한 교회가 되기를 원했습니다. 그래서 바울은 고린도 교회의 문제들을 하나하나 지적하며, 하나님의 뜻을 알려 주었습니다. 바울이 연보를 강조하는 이유도 마찬가지입니다. 연보는 어려운 성도를 돕는 일입니다. 고린도 교회가 건강한 교회가 되기 위해서는 반드시 연보를 해야 했습니다. 형제의 어려움에 눈을 감는 교회가 건강한 교회일 수는 없기 때문입니다. 우리는 어떠합니까? 어려운 성도, 어려운 교회를 돕고 있습니까?

> 만일 누구든지 주를 사랑하지 아니하면 저주를 받을지어다 우리 주여 오시옵소서(16:22)

바울은 고린도전서를 끝내면서 마지막으로 권면합니다. 바울의 마지막 권면은 예수님을 사랑하지 않으면 저주를 받는다는 것입니다. 따라서 하나님을 사랑하는 것은 선택 사항이 아닙니다. 우리는 모두 하나님을 사랑하는 삶을 살아야 합니다. 하나님을 우리 삶의 최우선 순위로 삼아야 합니다. 하나님을 예배하는 일을 무엇보다 중요하게 생각해야 합니다. 절대로 하나님보다 돈을 사랑하거나, 하나님보다 사람을 사랑해서는 안 됩니다. 이 세상은 영원하지 않습니다. 마지막 날이 있습니다. 그날은 예수님께서 재림하시는 날입니다. 우리는 예수님을 다시 만날 날을 준비하며 살아야 합니다. 그날에 저주가 아니라 축복을 받는 삶을 살아야 합니다.

묵상

복음의 핵심 두 가지는 무엇입니까?

건강한 교회가 반드시 해야 하는 일은 무엇입니까?

기도

하나님, 이 세상이 영원하지 않다는 것을 믿습니다. 마지막 날에 예수님께서 재림하신다는 것을 믿습니다. 그날까지 예수님을 사랑하며 살아가게 해 주세요. 그 무엇보다 예수님을 가장 사랑하며 살아가게 해 주세요. 예수님의 기쁨이 되는 저희가 되게 해 주세요. 예수님의 이름으로 기도합니다. 아멘.

모든 환난 중에서 우리를 위로하사

고린도후서 1-3장 | 찬송가 439장, 십자가로 가까이

> 우리의 모든 환난 중에서 우리를 위로하사 우리로 하여금 하나님께 받는 위로로써 모든 환난 중에 있는 자들을 능히 위로하게 하시는 이시로다(1:4)

바울은 많은 고난을 겪었습니다. 바울은 고난의 시간을 통해 다음과 같은 사실을 알게 되었습니다. 첫째, 하나님은 고난을 겪는 사람들을 위로하십니다. 우리가 고난을 겪을 때, 하나님은 그냥 지켜보기만 하지 않으십니다. 우리가 고난을 이길 수 있도록 우리에게 힘을 주십니다. 둘째, 고난을 겪은 사람은 다른 사람을 위로할 수 있습니다. 고난의 시간을 통해 다른 사람의 아픔을 더 잘 이해하게 되기 때문입니다.

> 형제들아 우리가 아시아에서 당한 환난을 너희가 모르기를 원하지 아니하노니 힘에 겹도록 심한 고난을 당하여 살 소망까지 끊어지고 우리는 우리 자신이 사형 선고를 받은 줄 알았으니 이는 우리로 자기를 의지하지 말고 오직 죽은 자를 다시 살리시는 하나님만 의지하게 하심이라(1:8-9)

바울은 아시아에서 선교하는 동안 죽을 만큼 힘든 시간을 보냈습니다. 하지만 그 시간은 쓸모없는 시간이 아니었습니다. 그 시간을 통해 하나님만 의지하는 것을 배웠기 때문입니다. 바로 이것이 고난이 주는 열매입니다. 지금 우리가 겪고 있는 어려움은 무의미한 고난이 아닙니다. 우리는 이 시간을 통해 하나님을 의지하는 사람으로 거듭나게 됩니다.

> 그런즉 너희는 차라리 그를 용서하고 위로할 것이니 그가 너무 많은 근심에 잠길까 두려워하노라 그러므로 너희를 권하노니 사랑을 그들에게 나타내라(2:7-8)

바울은 잘못한 성도를 용서하라고 말합니다. 우리가 다른 사람을 용서해야 하는 이유는 분명합니다. 우리가 먼저 하나님께 용서받았기 때문입니다. 하나님은 우리의 모든 죄를 용서해 주셨습니다. 따라서 우리도 다른 사람을 용서하는 것이 마땅합니다. 하나님은 우리의 죄를 기억하지 않으십니다. "나 곧 나는 나를 위하여 네 허물을 도말하는 자니 네 죄를 기억하지 아니하리라"(사 43:25). 바로 이것이 용서입니다. 용서란 다른 사람의 죄를 기억하지 않는 것입니다. 우리는 다른 사람을 용서하고, 그 이후로는 기억하지 말아야 합니다.

> 너희는 우리의 편지라 우리 마음에 썼고 뭇사람이 알고 읽는 바라(3:2)

바울은 고린도 교회 성도들이 자신의 '편지'라고 말합니다. 고린도 교회 성도들이야말로 바울이 어떤 사람인지를 가장 잘 보여 주는 증거라는 뜻입니다. 바울의 사역으로 인해 고린도 교회 성도들은 과거와는 전혀 다른 사람이 되었습니다. 우상을 숭배하다가 하나님을 예배하는 사람이 되었고, 방탕하게 살다가 거룩하게 사는 사람이 되었습니다. 우리에게도 이런 열매가 있어야 합니다. 우리도 복음으로 다른 사람을 변화시키는 사람이 되어야 합니다. 다른 사람을 예수님의 제자로 변화시키는 삶을 살아야 합니다.

묵상

바울은 고난을 통해 어떤 사실을 알게 되었습니까?

바울은 아시아에서 당한 고난을 통해 무엇을 배웠습니까?

기도

하나님, 저희는 여러 가지 어려움을 겪고 있습니다. 저희가 이 어려움을 통해 하나님과 멀어지지 않고, 하나님과 더욱더 가까워지게 해 주세요. 이 어려움을 통해 하나님만 의지하는 사람이 되게 해 주세요. 그리고 어려움을 겪는 다른 사람들을 위로하는 사람이 되게 해 주세요. 예수님의 이름으로 기도합니다. 아멘.

하늘에 있는 영원한 집이 우리에게 있는 줄 아느니라

고린도후서 4-5장 | 찬송가 445장. 태산을 넘어 험곡에 가도

> 우리는 우리를 전파하는 것이 아니라 오직 그리스도 예수의 주 되신 것과 또 예수를 위하여 우리가 너희의 종 된 것을 전파함이라(4:5)

바울은 교회를 섬기는 자세에 관해서 설명합니다. 교회를 섬기는 사람은 자신을 전파해서는 안 됩니다. 자신을 드러내기 위해 봉사해서는 안 됩니다. 대신 예수님의 종처럼, 교회의 종처럼 섬겨야 합니다. 예수님을 드러내기 위해 봉사하고, 교회의 유익을 위해 봉사해야 합니다. 우리는 어떤 자세로 교회에서 봉사하고 있습니까? 우리의 봉사를 통해 예수님이 드러나고 있습니까?

> 만일 땅에 있는 우리의 장막 집이 무너지면 하나님께서 지으신 집 곧 손으로 지은 것이 아니요 하늘에 있는 영원한 집이 우리에게 있는 줄 아느니라(5:1)

세상 사람들은 이 세상이 전부라고 믿습니다. 그래서 이 세상에서 잘 먹고 잘사는 것만 생각합니다. 다음 세상을 생각하지 않습니다. 하지만 바울은 다음 세상이 있다고 말합니다. 하나님이 우리를 위해 "하늘에 있는 영원한 집"을 준비하셨다고 말합니다. 그러므로 우리는 이 세상에서 겪는 어려움 때문에 절망하지 말아야 합니다. 지금 겪는 아픔 때문에 낙심하지 말아야 합니다. 하나님께서 다음 세상에서 우리의 수고를 갚아 주실 것입니다. 하나님께서 영원한 나라를 우리에게 선물로 주실 것입니다.

> 그런즉 우리는 몸으로 있든지 떠나든지 주를 기쁘시게 하는 자가 되기를 힘쓰노라 이는 우리가 다 반드시 그리스도의 심판대 앞에 나타나게 되어 각각 선악 간에 그 몸으로 행한 것을 따라 받으려 함이라(5:9-10)

바울은 하나님을 기쁘시게 하려고 최선을 다했습니다. 하나님의 기쁨이 되려고 노력했습니다. 그 이유는 바울이 하나님의 심판을 믿었기 때문입니다. 마지막 날 모든 사람이 하나님의 재판대 앞에 선다는 것을 알았기 때문입니다. 마지막 날에는 모든 사람이 하나님의 심판대 앞에 설 것입니다. 한 사람도 예외 없이 하나님 앞에서 재판받을 것입니다. 그러므로 우리는 선을 행하고 악을 멀리해야 합니다. 하나님을 만나는 날 부끄러움이 없도록 노력해야 합니다.

> 그가 모든 사람을 대신하여 죽으심은 살아 있는 자들로 하여금 다시는 그들 자신을 위하여 살지 않고 오직 그들을 대신하여 죽었다가 다시 살아나신 이를 위하여

▎ 살게 하려 함이라(5:15)

바울은 목숨을 걸고 복음을 전했습니다. 바울은 수많은 시련 속에서도 포기하지 않고 하나님을 섬겼습니다. 그 이유는 바울이 예수님을 바라보았기 때문입니다. 바울을 대신해서 십자가에서 죽으신 예수님을 바라보았기 때문입니다. 우리도 마찬가지입니다. 예수님께서 우리를 위해 죽으신 것을 믿는다면, 우리 역시 다른 사람을 위해 희생할 수 있어야 합니다. 이제 우리는 자신을 위해서 사는 것이 아니라, 예수님을 위해서 사는 사람이 되어야 합니다.

묵상

우리는 어떤 자세로 교회에서 봉사해야 합니까?

왜 바울은 하나님의 기쁨이 되기 위해 노력했습니까?

기도

하나님, 이 세상이 전부가 아니라는 것을 믿습니다. 영원한 다음 세상이 있다는 것을 믿습니다. 그리고 마지막 날 하나님의 심판이 있다는 것을 믿습니다. 그러므로 저희가 다음 세상을 준비하며 살아가게 해 주세요. 최후의 심판 날에 칭찬받는 삶을 살게 해 주세요. 예수님의 이름으로 기도합니다. 아멘.

아무것도 없는 자 같으나 모든 것을 가진 자로다

고린도후서 6-8장 | 찬송가 15장. 하나님의 크신 사랑

> 근심하는 자 같으나 항상 기뻐하고 가난한 자 같으나 많은 사람을 부요하게 하고 아무 것도 없는 자 같으나 모든 것을 가진 자로다(6:10)

세상 사람들이 보기에 바울은 걱정거리가 많고, 가진 것도 없고, 무력한 자였습니다. 하지만 사실 바울은 항상 기뻐하고, 많은 사람을 부요하게 하고, 많은 일을 하는 사람이었습니다. 그 비결은 하나님의 강함 때문입니다. 바울의 약함을 통해 하나님의 강함이 드러났기 때문입니다. 우리도 마찬가지입니다. 우리가 약할수록 하나님의 강함이 드러납니다. 실력과 능력을 키우는 것도 중요하지만, 하나님을 의지하는 겸손한 사람이 되는 것이 더 중요합니다.

> 너희는 믿지 않는 자와 멍에를 함께 메지 말라(6:14)

바울은 고린도 교회 성도들에게 "믿지 않는 자와 멍에를 함께 메지 말라"라고 말했습니다. 이것은 불신자들과의 관계를 단절하라는 뜻이 아닙니다. 당시 고린도는 우상의 도시였습니다. 고린도 시민들은 우상을 숭배하는 일에 매우 열심이었습니다. 우상을 숭배하는 것이 시민의 의무처럼 요구되었고, 우상을 숭배하지 않는 사람을 핍박하기도 했습니다. 따라서 바울의 말은 우상을 숭배하는 일에서 구별되라는 뜻입니다. 설령 고난을 당할지라도 우상 숭배를 피하라는 뜻입니다.

> 우리가 마게도냐에 이르렀을 때에도 우리 육체가 편하지 못하였고 사방으로 환난을 당하여 밖으로는 다툼이요 안으로는 두려움이었노라 그러나 낙심한 자들을 위로하시는 하나님이 디도가 옴으로 우리를 위로하셨으니(7:5-6)

당시 바울은 여러 가지 어려움을 겪고 있었습니다. 밖으로는 유대인들의 공격이 있었고, 안으로는 고린도 성도들의 오해가 있었습니다. 바울의 마음은 근심과 두려움으로 가득했습니다. 하지만 하나님은 고난 중에 있는 자들을 위로하는 분이십니다. 하나님은 디도를 통해 바울을 위로하셨습니다. 디도가 전해 준 소식은 바울의 고통을 기쁨으로 바꾸어 주었습니다.

> 우리 주 예수 그리스도의 은혜를 너희가 알거니와 부요하신 이로서 너희를 위하여 가난하게 되심은 그의 가난함으로 말미암아 너희를 부요하게 하려 하심이라(8:9)

바울은 고린도 교회 성도들에게 "가난하게 되신" 예수님을 본받으라고 말합니다. 이것은 어려움을 겪고 있는 예루살렘 성도들을 물질로 도우라는 뜻입니다. 예수님은 우리를 구원하기 위해 사람이 되셨습니다. 하나님의 위치에서 사람의 위치로 내려오셨습니다. 그렇다면 우리 역시 어려운 사람들을 도와야 합니다. 어려운 사람들 곁으로 가야 합니다. 바로 그것이 예수님을 본받는 것이며, 예수님의 사랑을 세상에 전하는 것입니다.

묵상

어떻게 바울은 항상 기뻐하고, 많은 사람을 부요하게 할 수 있었습니까?

"믿지 않는 자와 멍에를 함께 메지 말라"라는 말은 어떤 뜻입니까?

기도

하나님, 예수님이 저희를 구원하기 위해 하늘에서 땅으로 내려오신 것을 믿습니다. 저희도 예수님처럼 낮아지는 삶을 살게 해 주세요. 어려운 사람들 곁으로, 가난한 사람들 곁으로 내려가게 해 주세요. 외로운 사람들, 병든 사람들을 도와주는 삶을 살게 해 주세요. 예수님의 이름으로 기도합니다. 아멘.

자랑하는 자는 주 안에서 자랑할지니라

고린도후서 9–10장 | 찬송가 23장. 만 입이 내게 있으면

> 이것이 곧 적게 심는 자는 적게 거두고 많이 심는 자는 많이 거둔다 하는 말이로다 각각 그 마음에 정한 대로 할 것이요 인색함으로나 억지로 하지 말지니 하나님은 즐겨 내는 자를 사랑하시느니라(9:6–7)

당시 예루살렘 교회는 큰 어려움을 겪고 있었습니다. 고린도 교회를 포함한 유럽의 교회들은 예루살렘 교회를 돕기 위해 헌금을 하기로 했습니다. 이에 바울은 헌금하는 자세에 관해서 설명합니다. 첫째, 헌금은 억지로 하지 말고 자원하는 마음으로 해야 합니다. 둘째, 하나님은 즐거운 마음으로 헌금하는 사람을 사랑하십니다. 셋째, 헌금은 인색하게 해서는 안 됩니다. 넷째, 자원하는 마음으로 즐겁게

헌금하는 사람에게는 하나님께서 주시는 풍성한 복이 있습니다.

> 하나님이 능히 모든 은혜를 너희에게 넘치게 하시나니 이는 너희로 모든 일에 항상 모든 것이 넉넉하여 모든 착한 일을 넘치게 하게 하려 하심이라(9:8)

하나님은 우리에게 모든 은혜를 넘치게 주시는 분입니다. 만약 하나님께서 우리에게 은혜를 주셨다면, 그것은 우리가 착한 일에 힘쓰기를 원하시기 때문입니다. 또한 우리가 착한 일에 힘쓴다면, 하나님은 우리가 착한 일을 할 수 있도록 필요한 은혜를 베풀어 주실 것입니다. 우리가 하나님께 받은 복은 무엇입니까? 우리는 하나님께 받은 복을 어떻게 사용하고 있습니까? 우리가 해야 하는 착한 일은 무엇인지, 우리가 도와야 하는 사람은 누구인지 생각해 봅시다.

> 너희는 외모만 보는도다 만일 사람이 자기가 그리스도에게 속한 줄을 믿을진대 자기가 그리스도에게 속한 것 같이 우리도 그러한 줄을 자기 속으로 다시 생각할 것이라(10:7)

고린도 교회에는 바울을 반대하는 자들이 있었습니다. 그들은 바울의 외모가 부족하다는 이유로 바울을 반대했습니다. 우리도 고린도 교회 성도들처럼 외모로 상대방을 판단할 때가 있습니다. 이것은 하나님의 뜻이 아닙니다. 하나님은 외모로 판단하는 것을 싫어하십니다(삼상16:7). 우리는 눈에 보이는 모습이 아니라, 하나님 앞에서의 모습을 보아야 합니다. 신앙과 성품을 보아야 합니다.

> 자랑하는 자는 주 안에서 자랑할지니라 옳다 인정함을 받는 자는 자기를 칭찬하는 자가 아니요 오직 주께서 칭찬하시는 자니라(10:17-18)

바울을 반대하는 사람들에게는 다음과 같은 특징이 있었습니다. 첫째, 그들은 자신을 자랑했습니다. 둘째, 그들은 사람들에게 인정받는 것을 좋아했습니다. 하지만 이것은 올바른 태도가 아닙니다. 그러므로 우리는 첫째, 자신을 자랑하는 것이 아니라 하나님을 자랑해야 합니다. 둘째, 사람들의 인정이 아니라 하나님께 인정받는 사람이 되어야 합니다.

묵상

우리는 어떤 자세로 헌금해야 합니까?

하나님께서 우리에게 은혜를 넘치게 주시는 이유는 무엇입니까?

기도

하나님, 하나님은 저희가 착한 일 하기를 원하시고, 저희가 착한 일을 할 수 있도록 은혜를 주시는 분입니다. 그러므로 저희가 착한 일에 힘쓰는 삶을 살게 해 주세요. 가난하고 어려운 자들을 돕는 삶을 살게 해 주세요. 하나님의 사랑을 세상에 흘려보내는 삶을 살게 해 주세요. 예수님의 이름으로 기도합니다. 아멘.

사탄도 자기를 광명의 천사로 가장하나니

고린도후서 11–13장 | 찬송가 27장. 빛나고 높은 보좌와

> 이것은 이상한 일이 아니니라 사탄도 자기를 광명의 천사로 가장하나니 그러므로 사탄의 일꾼들도 자기를 의의 일꾼으로 가장하는 것이 또한 대단한 일이 아니니라 그들의 마지막은 그 행위대로 되리라(11:14–15)

고린도 교회에 영향을 미친 사람들 중에 거짓 사도들이 있었습니다. 이들은 바울과 고린도 성도들 사이를 갈라놓았고, 고린도 교회 성도들에게 거짓 복음을 가르쳤습니다. 이에 바울은 "사탄도 자기를 광명의 천사로 가장"하는 경우가 있다고 말합니다. 거짓 사도들의 위험성을 경고한 것입니다. 지금도 하나님을 위하는 것처럼 접근해서 개인의 잇속을 챙기는 사람들이 있습니다. 우리는 거짓 교사들에게

속지 않도록 조심해야 합니다.

> 그들이 그리스도의 일꾼이냐 정신없는 말을 하거니와 나는 더욱 그러하도다 내가 수고를 넘치도록 하고 옥에 갇히기도 더 많이 하고 매도 수없이 맞고 여러 번 죽을 뻔하였으니 유대인들에게 사십에서 하나 감한 매를 다섯 번 맞았으며 (11:23-24)

거짓 사도들은 자신을 그리스도의 일꾼이라고 자랑했습니다. 이에 바울도 자신을 자랑합니다. 그런데 바울의 자랑은 특이합니다. 바울이 자랑하는 것은 교회를 위해서 받은 고난과 핍박입니다. 우리는 여기서 참된 지도자와 거짓 지도자를 구별하는 지혜를 발견할 수 있습니다. 거짓 지도자들은 성도들을 이익의 수단으로 삼습니다. 참된 지도자는 성도들을 위해 자신을 희생합니다. 거짓 지도자들은 자기 자신을 자랑합니다. 참된 지도자는 묵묵히 교회를 위해 핍박을 감수합니다.

> 이것이 내게서 떠나가게 하기 위하여 내가 세 번 주께 간구하였더니 나에게 이르시기를 내 은혜가 네게 족하도다 이는 내 능력이 약한 데서 온전하여짐이라 하신지라 그러므로 도리어 크게 기뻐함으로 나의 여러 약한 것들에 대하여 자랑하리니 이는 그리스도의 능력이 내게 머물게 하려 함이라(12:8-9)

거짓 사도들은 바울의 질병을 문제 삼았습니다. 물론 바울도 초기에는 자신의 질병을 문제로 여겼습니다. 바울은 자신의 질병을 위해 여러 차례 기도했습니다. 하지만 하나님은 바울에게 "약함을 통해 온전하여진다"라고 말씀하셨습니다. 이후부터 바울은 자신의 질병을 기쁨으로 여기게 되었습니다. 육신의 질병으로 인해 하나님을 더 의지하게 되었기 때문입니다. 우리에게도 많은 문제가 있습니다. 우리는 문제 때문에 불평할 수도 있고, 문제 때문에 더욱 기도할 수도 있습니다. 만약 우리가 불평하는 대신 기도하는 것을 선택한다면, 우리는 바울처럼 더욱 성장하게 될 것입니다.

> 내가 이미 말하였거니와 지금 떠나 있으나 두 번째 대면하였을 때와 같이 전에 죄 지은 자들과 그 남은 모든 사람에게 미리 말하노니 내가 다시 가면 용서하지 아니하리라(13:2)

바울은 다음번 방문 때, 잘못한 자들을 벌하겠다고 말합니다. 이미 용서의 기회를 여러 번 주었지만, 끝까지 회개하지 않았기 때문입니다. 교회의 공적인 징계를 '권징'이라고 합니다. 교회에는 권징이 꼭 필요합니다. 그래야 교회가 죄를 두려워하는 마음을 가지기 때문입니다.

묵상

바울이 자랑한 것은 무엇입니까?

왜 바울은 자신의 질병을 기쁨으로 여기게 되었습니까?

기도

하나님, 저희는 약할지라도 저희와 함께하시는 하나님은 강하다는 것을 믿습니다. 그러므로 저희의 약함을 인정하고, 하나님의 강함을 의지하게 해 주세요. 저희의 약함을 통해 하나님의 강함이 드러나게 해 주세요. 예수님의 이름으로 기도합니다. 아멘.

일주일에 한 번,
온 가족 말씀 동행 프로젝트

갈라디아서
에베소서
빌립보서
골로새서

다른 복음을 따르는 것을 내가 이상하게 여기노라

갈라디아서 1-2장 | 찬송가 35장. 큰 영화로신 주

> 그리스도의 은혜로 너희를 부르신 이를 이같이 속히 떠나 다른 복음을 따르는 것을 내가 이상하게 여기노라 다른 복음은 없나니 다만 어떤 사람들이 너희를 교란하여 그리스도의 복음을 변하게 하려 함이라(1:6-7)

갈라디아서는 바울이 갈라디아 교회에 보낸 편지입니다. 바울이 편지한 이유는 갈라디아 교회에 "다른 복음"을 가르치는 자들이 있었기 때문입니다. 지금도 다른 복음을 가르치는 자들이 있습니다. 그래서 우리는 '참된 복음'을 알아야 하고, 다른 복음을 분별할 수 있어야 합니다.

> 형제들아 내가 너희에게 알게 하노니 내가 전한 복음은 사람의 뜻을 따라 된 것이 아니니라 이는 내가 사람에게서 받은 것도 아니요 배운 것도 아니요 오직 예수 그리스도의 계시로 말미암은 것이라(1:11-12)

다른 복음을 전하던 거짓 교사들은, 바울은 참된 사도가 아니며, 바울의 복음도 참된 복음이 아니라고 주장했습니다. 이에 바울은 자신이 가르친 복음의 근원을 설명합니다. 바울이 전한 복음은 바울이 직접 만든 것이 아닙니다. 바울은 부활하신 그리스도에게서 배웠고, 그리스도에게 배운 것을 갈라디아 성도들에게 전했습니다. 따라서 복음과 '바울의 가르침'을 구분하는 것은 잘못입니다. 예수님의 가르침과 바울의 가르침이 다르다고 주장하는 것도 잘못입니다. 우리는 바울 서신을 통해 참된 복음을 배울 수 있습니다.

> 도리어 그들은 내가 무할례자에게 복음 전함을 맡은 것이 베드로가 할례자에게 맡음과 같은 것을 보았고 베드로에게 역사하사 그를 할례자의 사도로 삼으신 이가 또한 내게 역사하사 나를 이방인의 사도로 삼으셨느니라(2:7-8)

만약 바울이 참된 사도가 아니라면, 바울의 가르침도 참된 복음이 아닐 것입니다. 그래서 바울은 자신이 참된 사도임을 주장했습니다. 바울은 자신이 예루살렘의 지도자들로부터 인정받았다고 말합니다. 뿐만 아니라 베드로를 사도로 삼으신 예수님께서 친히 자신을 사도로 삼았다고 말합니다. 따라서 바울의 사도성을 의심해서는 안 됩니다. 바울은 참된 사도이고, 바울이 전한 복음도 참된 복음입니다.

> 사람이 의롭게 되는 것은 율법의 행위로 말미암음이 아니요 오직 예수 그리스도를 믿음으로 말미암는 줄 알므로 우리도 그리스도 예수를 믿나니 이는 우리가 율

> 법의 행위로써가 아니고 그리스도를 믿음으로써 의롭다 함을 얻으려 함이라 율법의 행위로써는 의롭다 함을 얻을 육체가 없느니라(2:16)

바울은 참된 복음을 설명합니다. 행위로 의롭게 된다고 주장하는 것은 참된 복음이 아닙니다. 그것은 사람이 만들어 낸 거짓 복음입니다. 우리가 생각하기에는 어떤 행위를 할 때 의롭게 된다는 것이 합리적인 것처럼 보입니다. 하지만 참된 복음은 그렇지 않습니다. 우리는 행위가 아니라 "그리스도를 믿음으로써 의롭다 함을" 얻습니다. 바로 이것이 참된 복음입니다.

묵상

왜 바울은 갈라디아 교회에 편지를 보냈습니까?

거짓 복음과 참된 복음의 차이점은 무엇입니까?

기도

하나님, 갈라디아 교회는 '다른 복음' 때문에 큰 어려움을 겪었습니다. 지금도 다른 복음이 교회를 어지럽게 만들고 있습니다. 저희가 참된 복음과 다른 복음을 분별할 수 있도록 하나님의 말씀을 잘 배우게 해 주세요. 교회가 하나님의 말씀을 사랑하여 바른 복음으로 무장하게 해 주세요. 예수님의 이름으로 기도합니다. 아멘.

그리스도께서 우리를 자유롭게 하려고 자유를 주셨으니

갈라디아서 3–6장 | 찬송가 50장. 내게 있는 모든 것을

> 내가 너희에게서 다만 이것을 알려 하노니 너희가 성령을 받은 것이 율법의 행위로냐 혹은 듣고 믿음으로냐(3:2)

거짓 교사들은 율법을 지켜야 의롭게 된다고 주장했습니다. 특히 할례를 받아야만 구원을 얻는다고 가르쳤습니다. 할례는 유대인의 의식입니다. 따라서 거짓 교사들의 주장은, 이방인이 구원을 얻기 위해서는 먼저 유대인이 되어야 한다는 것입니다. 하지만 갈라디아 성도들은 할례를 받기 전에 이미 성령을 받았고, 예수님을 믿었습니다. 따라서 유대인이 되어야 구원을 얻는다는 주장은 참된 복음이

아닙니다. 구원을 얻기 위해 유대인이 될 필요는 없습니다. 구원을 얻는 데 필요한 다른 자격과 조건은 없습니다. 우리는 다만 예수님을 믿음으로써 의롭게 될 뿐입니다.

> 율법 아래에 있는 자들을 속량하시고 우리로 아들의 명분을 얻게 하려 하심이라(4:5)

우리에게는 엄청난 특권이 있습니다. 첫째, 우리는 하나님의 자녀입니다. 하나님은 예수 안에 있는 우리를 자녀 삼아 주셨습니다. 둘째, 우리는 율법으로 구원을 얻지 않고 믿음으로 구원을 얻습니다. 율법을 지켜야 하지만, 율법을 어겼다고 해서 우리의 구원이 취소되지 않습니다. 이러한 특권들이 바로 복음입니다. 이 복음을 믿을 때, 복음이 주는 기쁨을 풍성하게 누릴 수 있습니다.

> 그리스도께서 우리를 자유롭게 하려고 자유를 주셨으니 그러므로 굳건하게 서서 다시는 종의 멍에를 메지 말라(5:1)

만약 우리가 율법을 지키는 방법으로 구원을 얻을 수 있었다면, 예수님께서 이 땅에 오지 않으셨을 것입니다. 예수님께서 우리를 위해 십자가에서 죽지도 않으셨을 것입니다. 예수님께서 이 땅에 오시고 십자가에서 죽으신 것은 우리가 율법으로 구원을 얻을 수 없기 때문입니다. 따라서 우리는 율법으로 구원을 얻으려는 시도를 중단해야 합니다. 대신 예수님을 우리의 구원자로 믿어야 합니다. 그리고 믿음으로 구원하신 하나님께 감사하는 마음으로 율법을 행해야 합니다.

> 우리가 선을 행하되 낙심하지 말지니 포기하지 아니하면 때가 이르매 거두리라 그러므로 우리는 기회 있는 대로 모든 이에게 착한 일을 하되 더욱 믿음의 가정들에게 할지니라(6:9-10)

율법으로 구원을 얻는 것이 아니라면, 마음껏 율법을 어겨도 될까요? 그렇지 않습니다. 우리는 반드시 율법을 행해야 합니다. 그 이유는 다음과 같습니다. 첫째, 율법이 사랑을 행하는 방법이기 때문입니다. 율법은 하나님과 이웃을 사랑하는 방법입니다. 따라서 우리는 최선을 다해서 율법을 행해야 합니다. 둘째, 하나님이 율법을 행하는 자들에게 복을 약속하셨기 때문입니다. 율법을 행하는 것은 쉬운 일이 아닙니다. 하지만 "포기하지 아니하면 때가" 되었을 때 하나님께서 약속하신 복을 받게 될 것입니다.

묵상

구원을 얻기 위해 필요한 자격과 조건이 있습니까?

우리가 복음 안에서 누리는 특권은 무엇입니까?

기도

하나님, 만약 자격과 조건이 있어야 구원을 얻는다면, 저희는 구원을 얻지 못했을 것입니다. 저희의 자격과 조건을 보지 않으시고, 오직 믿음으로 저희를 구원해 주셔서 감사합니다. 이제 율법을 행하는 삶으로, 하나님의 은혜에 보답하게 해 주세요. 하나님을 사랑하고 이웃을 사랑하게 해 주세요. 예수님의 이름으로 기도합니다. 아멘.

하늘에 속한 모든 신령한 복을 우리에게 주시되

에베소서 1-3장 | 찬송가 265장. 주 십자가를 지심으로

> 찬송하리로다 하나님 곧 우리 주 예수 그리스도의 아버지께서 그리스도 안에서 하늘에 속한 모든 신령한 복을 우리에게 주시되(1:3)

에베소서는 바울이 에베소 교회에 보낸 편지입니다. 에베소는 우상 숭배로 유명한 도시였습니다. 에베소에는 유명한 아데미 신전이 있었습니다. 수많은 사람이 아데미 여신을 숭배하기 위해 에베소를 방문했습니다. 에베소 성도들도 과거에는 아데미 여신을 섬겼을 것입니다. 그런데 고대인들은 섬기는 신을 바꾸면 저주를 받는다고 생각했습니다. 따라서 에베소 성도들도 그러한 두려움을 가졌을 것입니다. 그래서 바울은 복을 주시는 분이 누구인지 분명하게 밝힙니다.

복을 주시는 분은 하나님이십니다. 우상들은 죽은 신이기에 우리에게 복을 줄 수도 없고 저주를 내릴 수도 없습니다.

> 곧 창세전에 그리스도 안에서 우리를 택하사 우리로 사랑 안에서 그 앞에 거룩하고 흠이 없게 하시려고 그 기쁘신 뜻대로 우리를 예정하사 예수 그리스도로 말미암아 자기의 아들들이 되게 하셨으니(1:4-5)

하나님은 우리에게 복을 주시는 분입니다. 하나님께서 우리에게 주신 최고의 복은 우리를 구원받을 사람으로 택하신 것입니다. 그리고 우리를 하나님의 자녀가 되도록 예정해 주신 것입니다. 자격 없는 우리를 구원받을 자로 택하여 주신 복, 거룩하지 않은 우리를 하나님의 자녀로 택하여 주신 복이 얼마나 크고 놀라운지요. 이제 우리는 복 받은 자로서 하나님께만 영광을 돌리는 삶을 살아야 합니다.

> 너희는 그 은혜에 의하여 믿음으로 말미암아 구원을 받았으니 이것은 너희에게서 난 것이 아니요 하나님의 선물이라 행위에서 난 것이 아니니 이는 누구든지 자랑하지 못하게 함이라 우리는 그가 만드신 바라 그리스도 예수 안에서 선한 일을 위하여 지으심을 받은 자니 이 일은 하나님이 전에 예비하사 우리로 그 가운데서 행하게 하려 하심이니라(2:8-10)

하나님은 우리에게 구원을 선물로 주셨습니다. 구원은 우리가 노력해서 얻어 낸 것이 아니라, 하나님께서 선물로 주신 것입니다. 구원은 선물로 받지만, 구원받은 이후에는 책임과 의무가 뒤따릅니다. 구원받은 자로서 우리의 책임과 의무는 "선한 일을" 행하는 것입니다. 구원은 노력 없이 선물로 받았지만, 구원받은 이후에는 거룩한 삶을 위해 노력해야 합니다.

> 이는 이제 교회로 말미암아 하늘에 있는 통치자들과 권세들에게 하나님의 각종 지혜를 알게 하려 하심이니(3:10)

바울은 교회를 통해 하나님의 지혜가 알려진다고 말합니다. 심지어 하늘에 있는 통치자들, 즉 사탄조차도 교회를 보면 하나님의 지혜를 인정할 수밖에 없다고 말합니다. 교회의 특징은 하나 됨입니다. 전혀 다른 사람들이 교회 안에서 하나가 됩니다. 전혀 다른 사람들이 교회 안에서 영적인 가족이 됩니다. 세상 어디서도 볼 수 없는 일입니다. 그러므로 우리는 교회의 하나 됨을 위해 노력해야 합니다. 갈등과 분쟁은 교회와 어울리지 않습니다. 교회는 화해와 평화의 공동체입니다. 그럴 때 교회는 하나님의 지혜를 널리 알리는 영광스러운 공동체가 될 수 있습니다.

묵상

하나님께서 우리에게 주신 최고의 복은 무엇입니까?

구원받은 자의 책임과 의무는 무엇입니까?

기도

하나님, 아무 자격 없는 저희를 구원받을 자로 택해 주셔서 감사합니다. 저주받아 마땅한 저희를 하나님의 자녀 삼아 주셔서 감사합니다. 이제부터는 나를 자랑하기보다 겸손히 하나님께만 영광을 돌리게 해 주세요. 힘써 선한 일을 행하는 삶을 살아가게 해 주세요. 예수님의 이름으로 기도합니다. 아멘.

네 아버지와 어머니를 공경하라

에베소서 4–6장 | 찬송가 91장. 슬픈 마음 있는 사람

> 모든 겸손과 온유로 하고 오래 참음으로 사랑 가운데서 서로 용납하고 평안의 매는 줄로 성령이 하나 되게 하신 것을 힘써 지키라(4:2–3)

하나님은 성령을 통해 교회를 하나 되게 하셨습니다. 교회는 한 성령을 받았습니다. 그래서 교회는 하나입니다. 이제 우리의 사명은 교회의 하나 됨을 지키는 것입니다. 바울은 그 방법을 다음과 같이 말합니다. 첫째, 겸손입니다. 우리는 자신을 낮추고 상대방을 높여야 합니다. 둘째, 온유입니다. 우리는 힘으로 하지 않고 잠잠히 하나님의 도우심을 구해야 합니다. 셋째, 오래 참음입니다. 우리는 흥분을 가라앉히고 차분하게 행동해야 합니다. 그리할 때 우리의 교회는

더욱더 건강한 교회가 될 것입니다.

> 오직 사랑 안에서 참된 것을 하여 범사에 그에게까지 자랄지라 그는 머리니 곧 그리스도라(4:15)

바울은 우리가 그리스도까지 자라야 한다고 말합니다. 우리의 최종 목표는 예수 그리스도입니다. 따라서 우리는 거룩한 사람이 되기 위한 노력을 중단해서는 안 됩니다. 그리스도를 닮기 위해서는 일평생 쉬지 않고 거룩함에 힘써야 합니다. 그리고 우리는 항상 예수님을 생각해야 합니다. "예수님이라면 어떻게 말하셨을까?", "예수님이라면 어떻게 행동하셨을까?" 하는 것을 항상 생각해야 합니다. 그렇게 '작은 예수'가 되어 살아야 합니다.

> 음행과 온갖 더러운 것과 탐욕은 너희 중에서 그 이름조차도 부르지 말라 이는 성도에게 마땅한 바니라 누추함과 어리석은 말이나 희롱의 말이 마땅치 아니하니 오히려 감사하는 말을 하라(5:3-4)

바울은 거룩한 삶을 살기 위해 다음과 같은 것을 멀리하라고 말합니다. 첫째, 음행과 온갖 더러운 것과 탐욕입니다. 이것은 모두 성적인 죄를 의미합니다. 우리는 성적으로 순결하기 위해 노력해야 합니다. 둘째, 누추함과 어리석은 말입니다. 이것은 상대방을 기분 나쁘게 하는 말을 의미합니다. 우리는 상대방에게 도움이 되는 말, 상대방을 기쁘게 하는 말을 해야 합니다.

> 네 아버지와 어머니를 공경하라 이것은 약속이 있는 첫 계명이니 이로써 네가 잘되고 땅에서 장수하리라(6:2-3)

우리는 부모님을 공경해야 합니다. 공경이란, 기쁘게 순종한다는 뜻입니다. 왜 부모님의 가르침에 기쁘게 순종해야 할까요? 부모는 하나님을 대리하는 존재이기 때문입니다. 부모는 하나님 대신 우리를 낳고, 기르고, 가르치는 존재입니다. 따라서 우리는 누구보다 부모를 사랑해야 하고, 누구보다 부모의 가르침에 복종해야 합니다. 하나님은 부모를 공경하는 자에게 "잘되고 땅에서 장수"하는 복을 약속하셨습니다.

묵상

교회의 하나 됨을 지키는 방법은 무엇입니까?

거룩한 삶을 살기 위해 우리가 멀리해야 하는 것은 무엇입니까?

기도

하나님, 저희는 순결하신 하나님의 자녀입니다. 그러므로 저희는 순결한 삶을 살아야 합니다. 하나님, 저희가 항상 순결한 생각, 순결한 말, 순결한 행동을 하게 해 주세요. 거룩한 자녀로, 작은 예수로 살아가게 해 주세요. 예수님의 이름으로 기도합니다. 아멘.

전파되는 것은 그리스도니 이로써 나는 기뻐하고 또한 기뻐하리라

빌립보서 1-2장 | 찬송가 96장. 예수님은 누구신가

> 내가 너희를 생각할 때마다 나의 하나님께 감사하며 간구할 때마다 너희 무리를 위하여 기쁨으로 항상 간구함은(1:3-4)

빌립보서는 바울이 빌립보 교회에 쓴 편지입니다. 이때 바울은 로마 감옥에 수감되어 있었습니다. 그래서 빌립보서를 '옥중서신'이라고 합니다. 감옥에서 쓴 편지라는 뜻입니다. 감옥에 갇혀 있으면서 기뻐하기란 쉽지 않습니다. 그런데 바울은 감옥에서도 기뻐하고 있다고 말합니다. 그래서 빌립보서의 별명은 기쁨의 서신입니다. 우리는 빌립보서를 통해 기뻐할 수 없는 상황에서도 기뻐할 수 있는 비

결을 발견할 수 있습니다.

> 너희가 첫날부터 이제까지 복음을 위한 일에 참여하고 있기 때문이라 너희 안에서 착한 일을 시작하신 이가 그리스도 예수의 날까지 이루실 줄을 우리는 확신하노라(1:5-6)

바울이 감옥에서도 기뻐한 이유는 다음과 같습니다. 첫째, 빌립보 교회 성도들이 복음을 전하는 일에 참여했기 때문입니다. 빌립보 교회 성도들을 통해 복음이 널리 전파되었기 때문입니다. 둘째, 하나님이 빌립보 교회 성도들 안에서 착한 일을 시작하셨기 때문입니다. 빌립보 교회 성도들이 복음 전파에 힘쓰도록 하나님께서 도우셨기 때문입니다. 종합하면, 바울이 감옥에서도 기뻐했던 것은 하나님의 은혜와 빌립보 성도들의 헌신을 통해 복음이 전파되었기 때문입니다.

> 그러면 무엇이냐 겉치레로 하나 참으로 하나 무슨 방도로 하든지 전파되는 것은 그리스도니 이로써 나는 기뻐하고 또한 기뻐하리라(1:18)

바울의 최고 목적은 복음 전파였습니다. 바울이 사는 목적도 복음 전파였습니다. 바울은 복음이 전파된다면, 자신은 어떤 어려움도 맞이할 준비가 되어 있었습니다. 심지어 바울은 복음을 위해 죽을 각오까지 하고 있었습니다. 우리는 어떠합니까? 우리는 복음 전파에 얼마나 관심을 가지고 있습니까? 우리도 바울처럼 복음 때문에 울고, 복음 때문에 웃고 있습니까?

> 생명의 말씀을 밝혀 나의 달음질이 헛되지 아니하고 수고도 헛되지 아니함으로 그리스도의 날에 내가 자랑할 것이 있게 하려 함이라(2:16)

바울은 복음 때문에 고난당하는 것을 기뻐했습니다. 그 이유는 그리스도의 날에 자랑할 것이 있기를 원했기 때문입니다. 그리스도의 날은 예수님께서 재림하시는 날을 의미합니다. 재림하신 예수님 앞에서 자랑할 것은 하나밖에 없습니다. 우리가 복음을 위해 수고한 것, 그것 하나입니다. 그래서 바울은 복음을 위해 헌신하는 것을 기뻐했던 것입니다. 우리는 어떠합니까? 우리는 재림하신 예수님 앞에서 자랑할 것이 있습니까? 우리는 복음을 위해서 어떤 수고와 노력을 하고 있습니까?

묵상

바울이 감옥에서도 기뻐한 이유는 무엇입니까?

왜 바울은 복음 때문에 고난당하는 것을 기뻐했습니까?

기도

하나님, 바울은 감옥에서도 기뻐했습니다. 바울에게는 복음이 무엇보다 소중했기 때문입니다. 저희도 바울처럼 복음 때문에 울고, 복음 때문에 웃을 수 있는 사람이 되게 해 주세요. 복음이 전파되는 것을 보며, 하나님과 함께 기뻐하게 해 주세요. 예수님의 이름으로 기도합니다. 아멘.

주 안에서 기뻐하라

빌립보서 3-4장 | 찬송가 292장. 주 없이 살 수 없네

> 끝으로 나의 형제들아 주 안에서 기뻐하라 너희에게 같은 말을 쓰는 것이 내게는 수고로움이 없고 너희에게는 안전하니라(3:1)

바울은 주 안에서 기뻐하라고 말합니다. 예수님을 기쁨의 기준으로 삼으라는 뜻입니다. 예수님을 위해 사는 것을 기뻐하고, 예수님께 복종하는 것을 기뻐하고, 예수님과 교제하는 것을 기뻐하고, 예수님과 가까워지는 것을 기뻐하고, 예수님을 알아가는 것을 기뻐하라는 뜻입니다. 우리는 어떠합니까? 우리는 무엇으로 기뻐합니까? 예수님이 기쁨의 이유가 되고 있습니까?

> 나는 팔 일 만에 할례를 받고 이스라엘 족속이요 베냐민 지파요 히브리인 중의 히브리인이요 율법으로는 바리새인이요 열심으로는 교회를 박해하고 율법의 의로는 흠이 없는 자라 그러나 무엇이든지 내게 유익하던 것을 내가 그리스도를 위하여 다 해로 여길뿐더러(3:5-7)

바울은 자신이 이스라엘 족속이라는 것과 베냐민 지파라는 것과 바리새파라는 것을 자랑했습니다. 오늘날로 치면 자신의 가문과 학력과 직장과 지위를 자랑했다는 것입니다. 하지만 바울은 예수님을 영접한 이후로는 오직 예수님만 자랑하는 사람이 되었습니다. 이처럼 그리스도인은 자신을 자랑하지 않고 예수님만 자랑하는 사람입니다. 우리는 무엇을 자랑하고 있습니까? 우리도 바울처럼 예수님만 자랑하고 있습니까? 예수님 때문에 의롭게 된 것과 예수님 때문에 하나님의 자녀가 된 것을 자랑하고 있습니까?

> 내가 유오디아를 권하고 순두게를 권하노니 주 안에서 같은 마음을 품으라(4:2)

당시 빌립보 교회에는 분쟁이 있었습니다. 빌립보 교회의 지도자였던 유오디아와 순두게가 다투었기 때문입니다. 이에 바울은 두 사람을 향해 “주 안에서 같은 마음을 품으라”라고 말합니다. 예수님의 마음으로 서로를 용서하라는 뜻입니다. 예수님은 우리를 위해 자신을 희생하셨습니다. 그리고 죽기까지 우리를 사랑하셨습니다. 죽기를 각오한다면 용서하지 못할 사람은 없습니다. 싫은 마음이 드는 사람이 있습니까? 예수님의 마음을 달라고 하나님께 기도합시다. 예수님의 마음으로 그 사람을 사랑하게 해 달라고 기도합시다.

> 나는 비천에 처할 줄도 알고 풍부에 처할 줄도 알아 모든 일 곧 배부름과 배고픔과 풍부와 궁핍에도 처할 줄 아는 일체의 비결을 배웠노라 내게 능력 주시는 자 안에서 내가 모든 것을 할 수 있느니라(4:12-13)

사람들은 일반적으로 풍부하고 배부를 때 기뻐합니다. 바울은 달랐습니다. 바울은 배고프고 궁핍할 때도 기뻐했습니다. 그 이유는 바울이 "능력 주시는" 하나님을 의지했기 때문입니다. 배고픔과 궁핍함을 이기게 하시는 하나님을 의지했기 때문입니다. 혹시 지금 겪는 어려움 때문에 원망과 불평의 마음을 가지고 있습니까? 능력 주시는 하나님을 의지하기 바랍니다. 그러면 어려운 환경에서도 기뻐하게 될 것입니다.

묵상

주 안에서 기뻐하라는 것은 어떤 뜻입니까?

바울은 원래 어떤 것을 기뻐하는 사람이었습니까?

기도

하나님, 하나님께서 예수님을 저희에게 보내 주지 않으셨다면, 저희는 어떻게 되었을까요? 예수님 때문에 저희가 구원을 얻고, 하나님의 자녀가 되었습니다. 예수님 때문에 영원한 생명을 얻게 되었습니다. 그러니 저희가 예수님을 기쁨의 이유로 삼게 해주세요. 예수님 때문에 기뻐하고, 예수님을 기쁘시게 하고, 예수님과 함께 기뻐하게 사람이 되게 해 주세요. 예수님의 이름으로 기도합니다. 아멘.

그의 사랑의 아들의 나라로 옮기셨으니

골로새서 1-4장 | 찬송가 295장. 큰 죄에 빠진 나를

> 그가 우리를 흑암의 권세에서 건져내사 그의 사랑의 아들의 나라로 옮기셨으니 그 아들 안에서 우리가 속량 곧 죄 사함을 얻었도다(1:13-14)

골로새서는 바울이 골로새 교회에 보낸 편지입니다. 바울은 골로새 성도들에게 구원이 무엇인지를 설명합니다. 구원이란, "흑암의 권세에서" 예수님의 나라로 옮겨지는 것을 말합니다. 사탄의 나라에서 하나님의 나라로 옮겨지는 것입니다. 죄의 지배를 받던 삶에서 예수님의 은혜를 받는 삶으로 옮겨지는 것입니다.

> 만물이 그에게서 창조되되 하늘과 땅에서 보이는 것들과 보이지 않는 것들과 혹은 왕권들이나 주권들이나 통치자들이나 권세들이나 만물이 다 그로 말미암고 그를 위하여 창조되었고 또한 그가 만물보다 먼저 계시고 만물이 그 안에 함께 섰느니라(1:16–17)

바울은 골로새 성도들에게 예수님에 관해서 설명합니다. 첫째, 예수님은 창조의 시작입니다. 예수님은 만물을 창조하신 창조주 하나님이십니다. 둘째, 예수님은 창조의 목적입니다. 모든 만물은 예수님을 위해서 창조되었습니다. 셋째, 예수님은 창조의 능력입니다. 창조 세계가 보존되고 유지되는 것은 예수님의 능력 때문입니다.

> 우리를 거스르고 불리하게 하는 법조문으로 쓴 증서를 지우시고 제하여 버리사 십자가에 못 박으시고(2:14)

예수님은 십자가에서 우리에게 불리한 증서를 지우셨습니다. 이 증서는 우리의 죄와 관련된 증서입니다. 우리를 심판하라고 고발하는 증서입니다. 하지만 이제 이 증서는 아무 효력이 없습니다. 예수님께서 우리 대신 십자가에서 죽으셨기 때문입니다. 예수님께서 우리 죄를 뒤집어쓰시고 십자가에서 죽으셨기 때문입니다.

> 그러므로 너희가 그리스도와 함께 다시 살리심을 받았으면 위의 것을 찾으라 거기는 그리스도께서 하나님 우편에 앉아 계시느니라 위의 것을 생각하고 땅의 것을 생각하지 말라(3:1–2)

예수님께서 우리를 위해 십자가에서 죽으셨습니다. 예수님께서 우리를 위해 죽음에서 부활하셨습니다. 따라서 우리는 이전과 다른 삶을 살아야 합니다. 바울은 땅의 것을 생각하지 말고 위에 있는 것을 생각하라고 말합니다. 유한한 것을 추구하지 말고, 영원한 것을 추구하라는 뜻입니다. 우리를 위해 행한 것은 유한합니다. 하지만 하나님을 위해 행한 것은 영원합니다. 하나님의 영광을 위해서 사는 사람은 영원히 하나님의 복을 받을 것입니다.

기도를 계속하고 기도에 감사함으로 깨어 있으라(4:2)

바울은 땅에 속한 자처럼 살지 말고, 하늘에 속한 자처럼 살라고 말했습니다. 세상 사람들처럼 살지 말고, 하나님의 영광을 위해 살라고 말했습니다. 바울은 그렇게 살기 위해서는 기도가 필수적이라고 말합니다. 하나님께 영광 돌리는 삶을 살기 위해서는 기도를 통해 하나님의 은혜를 공급받아야 합니다. 우리는 세상 사람처럼 살지 않고, 하나님의 백성답게 살게 해 달라고 기도하고 있습니까?

묵상

바울은 골로새 교회 성도들에게 구원을 어떻게 설명합니까?

바울은 골로새 교회 성도들에게 예수님을 어떻게 설명합니까?

기도

하나님, 저희는 세상 나라에 속하지 않고 하나님 나라에 속한 사람입니다. 저희는 땅에 속한 사람이 아니라 하늘에 속한 사람입니다. 그러므로 저희가 세상 사람들처럼 살지 않게 해 주세요. 세상 사람들과 다르게 거룩한 삶을 살게 해 주세요. 땅에 속한 것들을 추구하지 않고, 영원한 것을 추구하며 살아가게 해 주세요. 예수님의 이름으로 기도합니다. 아멘.

일주일에 한 번,
온 가족 말씀 동행 프로젝트

데살로니가 전후서

은혜와 평강이 너희에게 있을지어다

데살로니가전서 1-2장 | 찬송가 301장. 지금까지 지내온 것

> 바울과 실루아노와 디모데는 하나님 아버지와 주 예수 그리스도 안에 있는 데살로니가인의 교회에 편지하노니 은혜와 평강이 너희에게 있을지어다(1:1)

데살로니가전서는 바울이 데살로니가 교회에 보낸 편지입니다. 바울은 데살로니가 성도들에게 은혜와 평강이 있기를 기도했습니다. 은혜는 하나님께서 주시는 복이며, 평강은 은혜의 결과입니다. 세상 사람들은 돈과 성공이 있는 곳에 평강이 있다고 생각합니다. 하지만 평강은 그런 것으로 얻을 수 없습니다. 하나님의 은혜를 받은 사람만 평강을 누릴 수 있습니다.

> 우리가 너희 모두로 말미암아 항상 하나님께 감사하며 기도할 때에 너희를 기억함은 너희의 믿음의 역사와 사랑의 수고와 우리 주 예수 그리스도에 대한 소망의 인내를 우리 하나님 아버지 앞에서 끊임없이 기억함이니(1:2-3)

바울은 데살로니가 성도들을 생각할 때마다 하나님께 감사했습니다. 그 이유는 데살로니가 성도들의 인내 때문입니다. 당시 데살로니가 성도들은 유대인들의 박해를 받고 있었습니다. 하지만 데살로니가 성도들은 믿음을 포기하지 않았습니다. 데살로니가 성도들은 어려운 환경에서도 계속해서 인내했습니다. 우리는 하나님의 마음도 바울의 마음과 같았을 것이라고 확신할 수 있습니다. 인내하는 데살로니가 성도들의 모습은 분명 하나님의 기쁨이 되었을 것입니다. 우리도 마찬가지입니다. 그리스도인답게 사는 것은 쉬운 일이 아닙니다. 하지만 인내하며 거룩하게 살아갈 때, 우리는 하나님의 기쁨이 될 것입니다.

> 형제들아 우리가 너희 가운데 들어간 것이 헛되지 않은 줄을 너희가 친히 아나니(2:1)

바울은 데살로니가에서 큰 어려움을 겪었습니다. 유대인들이 불량한 자들을 고용해서 바울을 해치려고 했기 때문입니다. 하지만 바울은 자신이 데살로니가에서 겪은 일이 헛되지 않다고 말합니다. 바울이 어려움을 겪은 결과, 데살로니가 교회가 세워졌기 때문입니다. 복음을 전하는 일에는 항상 어려움이 뒤따릅니다. 하지만 그 결과 하나님께서 영광을 받으신다면, 우리의 수고는 헛되지 않습니다.

> 이러므로 우리가 하나님께 끊임없이 감사함은 너희가 우리에게 들은 바 하나님

> 의 말씀을 받을 때에 사람의 말로 받지 아니하고 하나님의 말씀으로 받음이니 진실로 그러하도다 이 말씀이 또한 너희 믿는 자 가운데에서 역사하느니라(2:13)

데살로니가 성도들은 여러 면에서 모범적인 성도였습니다. 특히 말씀을 대하는 면에서 그러했습니다. 데살로니가 성도들은 바울에게 들은 메시지를 사람의 메시지로 생각하지 않았습니다. 데살로니가 성도들은 바울이 전한 말씀을 하나님의 말씀으로 여겼습니다. 우리에게도 이러한 자세가 있어야 합니다. 성경을 하나님의 말씀으로 확고하게 믿어야 합니다. 성경 일부분이 아니라, 성경 전체가 하나님의 말씀이라고 믿어야 합니다. 그리고 설교자를 통해 선포되는 말씀이 성경에 일치하는 한, 우리를 향한 하나님의 말씀이라고 믿어야 합니다. 그리할 때 우리의 영혼이 영적 양식을 공급받고, 우리의 믿음이 자라날 수 있습니다.

묵상

왜 바울은 데살로니가 교회 성도들을 생각할 때마다 하나님께 감사할 수 있었습니까?

왜 바울은 데살로니가에서 겪은 어려움을 헛되게 생각하지 않았습니까?

기도

하나님, 데살로니가 교회 성도들은 어려움 속에서도 믿음을 포기하지 않았습니다. 끝까지 인내하면서 시련을 이겨 냈습니다. 저희도 데살로니가 교회 성도들처럼 포기하지 않는 믿음의 소유자가 되기를 원합니다. 어떠한 어려움도 인내하면서 이겨 내게 해 주세요. 그리하여 하나님의 마음을 기쁘게 하는 삶 살게 해 주세요. 예수님의 이름으로 기도합니다. 아멘.

하나님의 뜻은 이것이니 너희의 거룩함이라

데살로니가전서 3-5장 | 찬송가 315장. 내 주 되신 주를 참 사랑하고

> 주야로 심히 간구함은 너희 얼굴을 보고 너희 믿음이 부족한 것을 보충하게 하려 함이라(3:9)

바울은 데살로니가 교회가 어렵다는 소식을 듣고 디모데를 보냈습니다. 데살로니가 교회를 방문하고 돌아온 디모데는 기쁜 소식을 전해 주었습니다. 데살로니가 성도들이 고난 속에서도 믿음을 지키고 있다는 소식이었습니다. 그렇다면 데살로니가 성도들이 고난 속에서도 믿음을 지킬 수 있었던 비결은 무엇일까요? 바울은 그것이 기도라고 말합니다. 바울은 데살로니가 성도들을 위해 "주야로 심히 간구"했습니다. 밤과 낮으로 데살로니가 성도들을 위해 기도했습니

다. 바로 그것이 데살로니가 교회 성도들이 고난을 이길 수 있었던 힘이었습니다. 지금도 우리의 기도가 필요한 사람들이 있습니다. 우리의 기도는 그들이 고난을 이길 힘이 될 것입니다.

> 하나님의 뜻은 이것이니 너희의 거룩함이라 곧 음란을 버리고 각각 거룩함과 존귀함으로 자기의 아내 대할 줄을 알고 하나님을 모르는 이방인과 같이 색욕을 따르지 말고 이 일에 분수를 넘어서 형제를 해하지 말라(4:3-6)

바울은 하나님께서 데살로니가 교회 성도들에게 거룩함을 원하신다고 말합니다. 특히 성적인 거룩함을 원하신다고 말합니다. 그래서 바울은 음란한 행동을 멀리하고, 자기 아내를 소중하게 대하고, 불신자들처럼 성적인 욕망을 따르지 말라고 말합니다. 이것은 지금 우리에게도 적용되는 중요한 원칙입니다. 현대 사회도 2,000년 전 데살로니가처럼 매우 음란하기 때문입니다. 하나님께서 우리를 구원하신 것은 우리가 거룩하게 살기를 원하시기 때문입니다. 특히 성적으로 거룩하게 살기를 원하시기 때문입니다. 혹시 음란한 영상을 가까이하고 있지 않습니까? 하나님께서 원하시는 삶을 살기 위해서는 지금 당장 끊어야 합니다.

> 형제들아 때와 시기에 관하여는 너희에게 쓸 것이 없음은 주의 날이 밤에 도둑같이 이를 줄을 너희 자신이 자세히 알기 때문이라 그들이 평안하다, 안전하다 할 그때에 임신한 여자에게 해산의 고통이 이름과 같이 멸망이 갑자기 그들에게 이르리니 결코 피하지 못하리라(5:1-3)

예수님은 언제가 반드시 재림하실 것입니다. 세상을 심판하기 위해 다시 오실 것입니다. 그날이 언제인지는 아무도 알 수 없습니다. 하지만 그날은 반드시 올 것이며, 아무도 예상하지 못한 순간에 찾아올 것입니다. 종말이 가까워져도 세상 사람들은 “평안하다, 안전하다” 할 것입니다. 종말의 징조가 점점 분명해져도 세상 사람들은 긴장하지 않을 것입니다. 하지만 예수님은 갑자기 오셔서 세상을 심판하실 것입니다. 세상 사람들은 종말이 없을 것처럼 방탕하게 살아가지만, 우리는 종말을 준비하며 살아야 합니다. 다시 오실 예수님을 기다리며 살아야 합니다.

묵상

하나님께서 우리에게 특별히 원하시는 거룩함은 무엇입니까?

종말이 가까워도 세상 사람들은 뭐라고 이야기할까요?

기도

하나님, 예수님은 반드시 재림하실 것입니다. 종말은 반드시 찾아올 것입니다. 심판 날은 분명히 있을 것입니다. 그러므로 항상 깨어 있게 해 주세요. 항상 거룩하게 살게 해 주세요. 예수님 만날 날을 준비하며 살아가게 해 주세요. 예수님의 이름으로 기도합니다. 아멘.

너희로 환난을 받게 하는 자들에게는 환난으로 갚으시고

데살로니가후서 1-3장 | 찬송가 326장. 내 죄를 회개하고

> 너희로 환난을 받게 하는 자들에게는 환난으로 갚으시고 환난을 받는 너희에게는 우리와 함께 안식으로 갚으시는 것이 하나님의 공의시니(1:6-7)

데살로니가 교회는 많은 환난을 받고 있었습니다. 이에 바울은 하나님의 정의로운 심판에 대해서 말합니다. 하나님은 데살로니가 성도들을 괴롭히는 자들에게는 벌을 내리실 것이고, 어려움을 당하는 데살로니가 성도들에게는 복을 주실 것입니다. 우리도 신앙 때문에 어려움을 겪을 때가 있습니다. 그때도 하나님은 우리를 괴롭히는 자들에게는 그에 합당한 벌을, 어려움을 당하는 우리에게는 그에 합당한

복을 주실 것입니다.

> 그는 대적하는 자라 신이라고 불리는 모든 것과 숭배함을 받는 것에 대항하여 그 위에 자기를 높이고 하나님의 성전에 앉아 자기를 하나님이라고 내세우느니라(2:4)

바울은 이단에 대해서 말합니다. 예수님께서 재림하시기 전에, 자신을 신이라고 주장하는 자들이 있을 것이라고 말합니다. 실제로 교회 역사를 살펴보면, 자신을 신이라고 주장하는 자들이 적지 않았습니다. 그리고 지금도 세계 곳곳에는 자신을 신이라고 주장하는 자들이 많이 있습니다. 따라서 우리는 이단을 잘 분별해야 합니다. 이단들의 주장에 미혹되지 않아야 합니다.

> 악한 자의 나타남은 사탄의 활동을 따라 모든 능력과 표적과 거짓 기적과 불의의 모든 속임으로 멸망하는 자들에게 있으리니 이는 그들이 진리의 사랑을 받지 아니하여 구원함을 받지 못함이라(2:9-10)

왜 이단에게 미혹을 당할까요? 많은 경우 사탄이 이단들과 함께하기 때문입니다. 사탄의 능력과 표적이 이단들을 통해서 나타나기 때문입니다. 그러므로 우리는 특별한 능력과 표적에 미혹되어서는 안 됩니다. 건강한 교회의 기준은 기적이 아닙니다. 물론 건강한 교회에도 기적이 있을 수 있지만, 기적만 가지고 건강한 교회라고 생각해서는 안 됩니다. 사탄도 기적을 행할 수 있기 때문입니다.

> 형제들아 우리 주 예수 그리스도의 이름으로 너희를 명하노니 게으르게 행하고 우리에게서 받은 전통대로 행하지 아니하는 모든 형제에게서 떠나라(3:6)

바울은 게으른 자들을 징계하라고 말합니다. 그 이유는 게으름이 가져오는 폐해 때문입니다. 그리스도인은 이웃을 사랑하는 사람이 되어야 합니다. 그리스도인은 이웃을 이롭게 하고 행복하게 하는 사람이 되어야 합니다. 하지만 게으른 사람은 이웃을 행복하게 하지 못하고, 이롭게 하지도 못합니다. 오히려 이웃에게 피해를 줄 뿐입니다. 그러므로 우리는 부지런한 사람이 되어야 합니다. 자기 일에 부지런한 사람이 되어야 하며, 다른 사람을 돕는 일에도 부지런한 사람이 되어야 합니다.

묵상

왜 사람들은 이단에게 미혹을 당합니까?

왜 바울은 게으른 자들을 징계하라고 말합니까?

기도

하나님, 이단이 시시때때로 우리를 미혹하려고 합니다. 저희가 이단을 분별할 수 있는 지혜로운 사람이 되게 해 주세요. 이단에게 미혹되지 않는 신실한 사람이 되게 해 주세요. 이단의 공격으로부터 교회를 지킬 수 있는 사람이 되게 해 주세요. 예수님의 이름으로 기도합니다. 아멘.

일주일에 한 번,
온 가족 말씀 동행 프로젝트

디모데 전후서

은혜와 긍휼과 평강이 네게 있을지어다

디모데전서 1–3장 | 찬송가 338장. 내 주를 가까이하게 함은

> 믿음 안에서 참 아들 된 디모데에게 편지하노니 하나님 아버지와 그리스도 예수 우리 주께로부터 은혜와 긍휼과 평강이 네게 있을지어다(1:2)

디모데전서는 바울이 디모데에게 보낸 편지입니다. 당시 디모데는 에베소 교회의 목회자였습니다. 그래서 디모데전서를 목회서신이라고 합니다. 디모데가 목회하던 에베소 교회에는 여러 가지 문제점이 있었습니다. 거짓 교사들이 있었고, 그들을 추종하는 사람들도 있었습니다. 그래서 바울은 디모데에게 하나님의 "은혜와 긍휼과 평강이" 있기를 기도합니다. 하나님께서 주시는 은혜와 긍휼과 평강이 있다면, 우리는 어떤 상황에서도 만족하고 기뻐할 수 있기 때

문입니다. 세상 사람들은 돈과 인기와 힘이 있기를 소원합니다. 하지만 우리는 은혜와 긍휼과 평강을 소원하며 살아가야 합니다.

> 미쁘다 모든 사람이 받을 만한 이 말이여 그리스도 예수께서 죄인을 구원하시려고 세상에 임하셨다 하였도다 죄인 중에 내가 괴수니라(1:15)

앞에서 바울은 디모데에게 하나님의 은혜가 있기를 기도했습니다. 그렇다면 어떤 사람이 하나님의 은혜를 받을 수 있을까요? 아주 의로운 사람이어야 하나님의 은혜를 받을 수 있을까요? 바울은 예수께서 죄인을 구원하시려고 세상에 오셨다고 말합니다. 예수님은 바울과 같은 죄인을 위해서 이 세상에 오셨습니다. 그러므로 우리도 하나님의 은혜를 받을 수 있습니다. 우리가 아무리 큰 죄인이어도 하나님의 은혜를 받을 수 있습니다. 우리가 진정으로 회개하며 하나님의 은혜를 구하면, 하나님은 우리에게 풍성한 은혜를 베풀어 주십니다.

> 임금들과 높은 지위에 있는 모든 사람을 위하여 하라 이는 우리가 모든 경건과 단정함으로 고요하고 평안한 생활을 하려 함이라(2:2)

바울은 국가 지도자들을 위해서 기도하라고 합니다. 국가가 평화로울 때, 교회도 평화로울 수 있기 때문입니다. 실제로 정치가 어지러운 나라에서는 교회도 어지러운 경우가 많습니다. 그러므로 우리는 기도의 범위를 넓혀야 합니다. 개인만을 위해서 기도하거나 가족만을 위해서 기도하지 말아야 합니다. 지역 사회를 위해서 기도하고, 나라와 국가를 위해서도 기도해야 합니다. 그리고 세계 평화를 위해서도 기도해야 합니다. 그리할 때 우리는 평안한 신앙생활을 할 수 있으며, 세계 곳곳에 있는 성도들도 평안한 신앙생활을 할 수 있습니다.

> 미쁘다 이 말이여, 곧 사람이 감독의 직분을 얻으려 함은 선한 일을 사모하는 것이라 함이로다(3:1)

바울은 교회에서 직분을 가지는 것이 미쁜 일이라고 말합니다. 직분은 교회를 섬기는 직책입니다. 따라서 바울의 말은 교회를 섬기는 것이 무엇보다 가치 있는 일이라는 뜻입니다. 직장에서 일하는 것은 우리에게 이익이 됩니다. 하지만 교회를 섬기는 일은 우리에게 이익이 되지 않습니다. 그래도 우리는 최선을 다해서 교회에서 봉사해야 합니다. 그것이 하나님을 기쁘시게 하는 일이기 때문입니다.

묵상

어떤 사람이 하나님의 은혜를 받을 수 있습니까?

왜 바울은 국가 지도자들을 위해서 기도하라고 합니까?

기도

하나님, 세상에는 많은 일이 있습니다. 그중에서 가장 가치 있는 일은 교회를 섬기는 일입니다. 그러므로 저희가 겸손하게 교회를 섬기게 해 주세요. 성실하게 교회에서 봉사하게 해 주세요. 그리하여 하나님의 기쁨이 되는 삶을 살아가게 해 주세요. 예수님의 이름으로 기도합니다. 아멘.

자족하는 마음이 있으면 경건은 큰 이익이 되느니라

디모데전서 4–6장 | 찬송가 342장. 너 시험을 당해

> 네가 이것으로 형제를 깨우치면 그리스도 예수의 좋은 일꾼이 되어 믿음의 말씀과 네가 따르는 좋은 교훈으로 양육을 받으리라(4:6)

바울은 디모데에게 하나님의 말씀으로 성도들을 깨우치라고 했습니다. 그러면 성도들이 예수님의 좋은 일꾼으로 변할 것이라고 했습니다. 따라서 목회자는 말씀을 가르치는 일에 최선을 다해야 합니다. 성도들은 말씀을 배우는 일에 최선을 다해야 합니다. 교회가 말씀을 가르치고 배우는 일에 최선을 다할 때, 건강한 교회로 거듭나게 됩니다.

> 늙은이를 꾸짖지 말고 권하되 아버지에게 하듯 하며 젊은이에게는 형제에게 하듯 하고 늙은 여자에게는 어머니에게 하듯 하며 젊은 여자에게는 온전히 깨끗함으로 자매에게 하듯 하라(5:1-2)

디모데가 목회하던 에베소 교회에는 갈등이 있었습니다. 이에 바울은 디모데에게 모든 성도들을 가족같이 대하라고 합니다. 아버지처럼, 형제처럼, 어머니처럼, 자매처럼 대하라고 합니다. 실제로 교회는 가족입니다. 교회는 하나님을 아버지로 하는 영적인 가족입니다. 그러므로 성도들을 가족처럼 대하는 것은 당연한 일입니다. 바로 이것이 교회가 갈등을 해결하는 방법입니다. 교회가 영적인 가족인 것을 알고, 서로를 가족으로 대할 때, 교회는 갈등을 이겨 낼 수 있습니다.

> 마음이 부패하여지고 진리를 잃어버려 경건을 이익의 방도로 생각하는 자들의 다툼이 일어나느니라 그러나 자족하는 마음이 있으면 경건은 큰 이익이 되느니라(6:5-6)

바울은 두 가지 마음을 소개합니다. 첫 번째는 "경건을 이익의 방도로 생각하는" 마음, 즉 돈을 사랑하는 마음입니다. 이런 마음을 가진 자들은 다툼을 일으키고 교회를 힘들게 만듭니다. 두 번째는 자족하는 마음, 즉 지금 가진 것에 만족하는 마음입니다. 이런 마음을 가진 자들은 교회에 큰 도움이 됩니다. 우리는 어떤 마음을 가지고 있습니까? 지금 가진 것에 불만을 가지는 마음입니까, 아니면 지금 가진 것에 만족하는 마음입니까?

> 우리 주 예수 그리스도께서 나타나실 때까지 흠도 없고 책망받을 것도 없이 이 명

▍ 령을 지키라(6:14)

우리는 언젠가 예수님을 만날 것입니다. 그때 우리는 책망을 받을 수도 있고, 칭찬을 받을 수도 있습니다. 우리가 하나님의 명령을 지키며 충성스러운 삶을 산다면 칭찬을 받을 것이고, 하나님의 명령을 어기며 방탕하게 산다면 책망을 받을 것입니다. 마지막 날에 어떤 모습으로 예수님 앞에 서기 원합니까? 충성된 삶으로 마지막 날을 준비하기 바랍니다.

묵상

교회가 갈등을 해결하는 방법은 무엇입니까?

교회에 도움이 되는 마음은 어떤 마음입니까?

기도

하나님, 세상 사람들은 자신의 처지에 원망하고 불평하며 살아갑니다. 그러나 저희는 지금 처지에 만족하며 사는 사람이 되길 바랍니다. 하나님께서 주신 것에 감사하게 해 주세요. 부족할 때는 원망하기보다 기도하게 해 주세요. 예수님의 이름으로 기도합니다. 아멘.

복음과 함께 고난을 받으라

디모데후서 1-2장 | 찬송가 351장. 믿는 사람들은 주의 군사니

> 그러므로 너는 내가 우리 주를 증언함과 또는 주를 위하여 갇힌 자 된 나를 부끄러워하지 말고 오직 하나님의 능력을 따라 복음과 함께 고난을 받으라(1:8)

바울은 복음을 전하다가 감옥에 갇혔습니다. 디모데는 그런 바울을 부끄럽게 생각했습니다. 그래서 복음 전하는 것도 주저하게 되었습니다. 복음을 전하다가 바울처럼 어려움을 겪을 것이 두려웠기 때문입니다. 그래서 바울은 다음과 같이 말했습니다. "나를 부끄러워하지 말고 … 복음과 함께 고난을 받으라." 바울의 말처럼 복음 때문에 고난을 당하는 것은 부끄러운 일이 아닙니다. 만약 우리가 복음 때문에 고난을 당하면, 하나님은 우리를 누구보다 자랑스럽게 생각하

실 것입니다.

> 아시아에 있는 모든 사람이 나를 버린 이 일을 네가 아나니 그중에는 부겔로와 허모게네도 있느니라 원하건대 주께서 오네시보로의 집에 긍휼을 베푸시옵소서 그가 나를 자주 격려해 주고 내가 사슬에 매인 것을 부끄러워하지 아니하고 로마에 있을 때에 나를 부지런히 찾아와 만났음이라(1:15-17)

바울은 복음을 전하다가 감옥에 갇혔습니다. 그러자 사람들은 두 부류로 나누어졌습니다. 한 부류는 바울을 부끄럽게 생각하고 바울을 떠났습니다. 한 부류는 바울을 부끄럽게 생각하지 않고 자주 찾아왔습니다. 우리 주위에도 복음 때문에 어려움을 겪는 사람들이 있습니다. 우리는 그들에게 어떤 사람이 되어야 할까요? 우리는 오네시보로 같은 사람이 되어야 합니다. 복음 때문에 고난당하는 자들에게 친구가 되어 주어야 합니다. 그들을 가까이하고 도와주어야 합니다.

> 너는 그리스도 예수의 좋은 병사로 나와 함께 고난을 받으라(2:3)

우리가 누구인지 잊지 말아야 합니다. 우리는 예수님의 병사입니다. 우리는 자아실현을 위해 이 땅에 태어난 존재가 아닙니다. 우리는 하나님의 뜻을 이루기 위해 이 땅에 태어난 존재입니다. 따라서 우리는 자기 뜻과 자기 목표를 최우선으로 생각하는 세상 사람들처럼 살지 말아야 합니다. 대신 하나님의 뜻과 하나님의 목표를 최우선으로 생각하며 살아야 합니다. 우리는 예수님의 좋은 병사가 되어야 합니다.

> 큰 집에는 금그릇과 은그릇뿐 아니라 나무 그릇과 질그릇도 있어 귀하게 쓰는 것도 있고 천하게 쓰는 것도 있나니 그러므로 누구든지 이런 것에서 자기를 깨끗하게 하면 귀히 쓰는 그릇이 되어 거룩하고 주인의 쓰심에 합당하며 모든 선한 일에 준비함이 되리라(2:20-21)

여러 종류의 그릇이 있습니다. 주인은 이 중에서 어떤 그릇을 사용할까요? 금그릇 또는 은그릇일까요? 아닙니다. 가장 깨끗한 그릇입니다. 하나님께서 쓰시는 사람도 마찬가지입니다. 하나님께서 쓰시는 사람은 깨끗한 사람입니다. 욕심과 욕망으로 더럽혀진 사람이 아니라, 하나님의 말씀으로 깨끗해진 사람입니다. 죄로 가득한 사람이 아니라, 힘써 선을 행하는 사람입니다. 하나님은 그런 사람을 사용하십니다.

묵상

왜 디모데는 바울을 부끄럽게 생각했습니까?

하나님은 어떤 사람을 사용하십니까?

기도

하나님, 하나님께서 쓰시는 사람은 깨끗한 사람입니다. 그러므로 저희가 깨끗한 사람이 되기를 원합니다. 욕심과 욕망으로 더러워진 사람이 아니라, 기도와 말씀으로 거룩해진 사람이 되게 해 주세요. 죄를 멀리하고 선을 행하는 사람이 되게 해 주세요. 예수님의 이름으로 기도합니다. 아멘.

말세에 고통하는 때가 이르러

디모데후서 3-4장 | 찬송가 357장. 주 믿는 사람 일어나

> 너는 이것을 알라 말세에 고통하는 때가 이르러 사람들이 자기를 사랑하며 돈을 사랑하며(3:1-2)

바울은 말세에 사람들이 고통을 받을 것이라고 말합니다. 그 이유는 사람들이 자기를 사랑하고 돈을 사랑하기 때문입니다. 따라서 자기를 사랑하고 돈을 사랑하는 것은 말세의 징조입니다. 그러므로 우리는 말세의 징조와 구별된 삶을 살아야 합니다. 자기를 사랑하기보다 이웃을 사랑하고, 돈을 사랑하기보다 하나님을 사랑해야 합니다. 그러면 우리는 어두운 세상에 한 줄기 빛이 될 것입니다.

> 또 어려서부터 성경을 알았나니 성경은 능히 너로 하여금 그리스도 예수 안에 있는 믿음으로 말미암아 구원에 이르는 지혜가 있게 하느니라(3:15)

어떻게 하면 세상 사람들처럼 살지 않고, 성도 다운 삶을 살 수 있을까요? 바울은 그 비결이 성경이라고 말합니다. 따라서 우리는 매일 성경을 묵상해야 합니다. 열심히 성경을 연구해야 합니다. 그러면 성경이 주는 지식으로 지혜로운 사람이 될 것입니다. 성경이 주는 은혜로 거룩한 사람이 될 것입니다.

> 때가 이르리니 사람이 바른 교훈을 받지 아니하며 귀가 가려워서 자기의 사욕을 따를 스승을 많이 두고 또 그 귀를 진리에서 돌이켜 허탄한 이야기를 따르리라(4:3-4)

지혜로운 사람이 되기 위해서는 성경을 묵상해야 합니다. 거룩한 삶을 살기 위해서는 성경을 연구해야 합니다. 하지만 사람들은 성경이 주는 바른 교훈을 좋아하지 않습니다. 그보다는 이익이 되는 이야기와 허탄한 이야기에 귀를 기울입니다. 경제 뉴스와 연예 기사에 귀를 기울입니다. 우리는 무엇을 보고 있습니까? 말씀을 봅니까, 아니면 쓸모없는 이야기를 봅니까? 우리의 눈과 귀를 보다 가치 있는 것으로 향하게 해야 합니다.

> 나는 주께서 네 심령에 함께 계시기를 바라노니 은혜가 너희와 함께 있을지어다(4:22)

바울이 디모데후서를 쓸 당시, 바울은 감옥에 갇혀 있었습니다. 바울은 사형 선고를 받고, 죽음을 기다리고 있었습니다. 이제 바울이 하늘로 가면 디모데 홀로 남게 될 것입니다. 그래서 바울은 하나님께서 디모데와 함께하시기를, 하나님의 은혜가 디모데와 함께하기를 기도합니다. 모든 사람이 떠난 순간에도 우리는 혼자가 아닙니다. 하나님이, 그리고 하나님의 은혜가 우리와 함께하기 때문입니다. 혹시 혼자라고 생각합니까? 우리와 함께하시는 하나님을, 그리고 그분의 은혜를 기억하십시오.

묵상

왜 바울은 사람들이 말세에 고통을 받을 것이라고 말합니까?

어떻게 하면 세상 사람들과 구별되어 거룩한 삶을 살 수 있습니까?

기도

하나님, 말세가 가까울수록 사람들은 자기를 사랑하고 돈을 사랑할 것입니다. 하지만 저희는 하나님과 이웃을 사랑하기를 원합니다. 돈과 성공 때문에 하나님을 멀리하지 않게 해 주세요. 함께하시는 하나님과 그분의 은혜를 늘 기억하게 해 주세요. 예수님의 이름으로 기도합니다. 아멘.

일주일에 한 번,
온 가족 말씀 동행 프로젝트

디도서
빌레몬서
히브리서

나의 참 아들 된 디도에게 편지하노니

디도서 1-3장 | 찬송가 364장. 내 기도하는 그 시간

> 같은 믿음을 따라 나의 참아들 된 디도에게 편지하노니 하나님 아버지와 그리스도 예수 우리 구주로부터 은혜와 평강이 네게 있을지어다(1:4)

디도서는 바울이 디모데에게 보낸 편지입니다. 당시 디도는 그레데 교회의 목회자였습니다. 그래서 디도서를 '목회서신'이라고 합니다. 바울은 디도를 "참아들"이라고 부릅니다. 바울은 디도를 진정한 아들로 생각했습니다. 그 이유는, 교회는 평범한 공동체가 아니라 영적인 가족이기 때문입니다. 따라서 우리는 교회의 지체들을 소중히 여겨야 합니다. 가족을 아끼고 사랑하듯, 교회의 지체들을 아끼고 사랑해야 합니다.

> 오직 너는 바른 교훈에 합당한 것을 말하여(2:1)

디도가 목회하던 그레데 교회에는 거짓 교사들이 있었습니다. 그들은 성경과 일치하지 않는 것을 주장했습니다. 그래서 바울은 디도에게 "바른 교훈에 합당한 것을" 말하라고 했습니다. 시간을 정해서 꾸준하게 성경을 읽지 않으면, 우리도 거짓 교사들처럼 될 수 있습니다. 성경을 모르는 사람, 성경과 일치하지 않는 것을 주장하는 사람이 될 수 있습니다. "바른 교훈에 합당한 것을" 말하는 사람이 되기 위해 시간을 정해서 꾸준히 성경을 읽어야 합니다.

> 그가 우리를 대신하여 자신을 주심은 모든 불법에서 우리를 속량하시고 우리를 깨끗하게 하사 선한 일을 열심히 하는 자기 백성이 되게 하려 하심이라(2:14)

불신자들은 죄를 부끄러워하지 않습니다. 죄가 가져올 끔찍한 결과도 알지 못합니다. 참으로 비참한 삶입니다. 우리도 예전에는 이런 삶을 살았습니다. 부끄러운 줄도 모르고 죄를 지었고, 최후의 심판을 두려워하지 않았습니다. 하지만 이제는 다르게 살아야 합니다. 이제는 하나님의 백성답게 살아야 합니다. 깨끗한 삶을 살아야 합니다. 선한 일을 열심히 하는 삶을 살아야 합니다. 바로 그것이 예수님께서 우리를 대신하여 십자가에서 죽으신 목적입니다.

> 이단에 속한 사람을 한두 번 훈계한 후에 멀리하라 이러한 사람은 네가 아는 바와 같이 부패하여 스스로 정죄한 자로서 죄를 짓느니라(3:10-11)

이단은 자신이 믿는 것만 진리라고 생각합니다. 이단은 자신이 믿는 것이 틀렸다고 생각하지 않습니다. 이단은 진리 안에서 대화를 나누려고 하지 않습니다. 그래서 이단을 설득하려고 하는 태도는 자칫 위험한 결과를 가져올 수 있습니다. 바울의 말처럼 "이단에 속한 사람을 한두 번 훈계한 후에 멀리"하는 것이 바람직합니다.

묵상

왜 바울은 디도를 "참아들"이라고 부릅니까?

예수님께서 우리를 대신하여 십자가에서 죽으신 목적은 무엇입니까?

기도

하나님, 예수님께서 저희를 위해 십자가에서 죽으신 것을 믿습니다. 예수님께서 저희의 죄를 대속하신 것을 믿습니다. 그러므로 이제는 하나님을 위해 살아가길 원합니다. 악을 멀리하고, 선을 행하는 삶을 살아가게 해 주세요. 죄를 멀리하고, 말씀을 따라 살아가게 해 주세요. 예수님의 이름으로 기도합니다. 아멘.

내가 너의 사랑으로 많은 기쁨과 위로를 받았노라

빌레몬서 | 찬송가 366장. 어두운 내 눈 밝히사

> 그리스도 예수를 위하여 갇힌 자 된 바울과 및 형제 디모데는 우리의 사랑을 받는 자요 동역자인 빌레몬과(1:1)

빌레몬서는 바울이 빌레몬에게 보낸 개인적인 편지입니다. 편지를 보낼 때 바울은 감옥에 있었습니다. 바울이 감옥에서 편지를 보냈다는 데서, 바울이 감옥에서도 교회를 걱정했음을 알 수 있습니다. 이처럼 바울은 자기 자신보다 교회를 더 중요하게 생각하는 사람이었습니다. 교회를 위해 자신을 희생하는 사람이었습니다. 우리는 어떠합니까? 교회를 중요하게 생각하고 있습니까? 교회를 위해 자신을 희생할 수 있습니까?

> 형제여 성도들의 마음이 너로 말미암아 평안함을 얻었으니 내가 너의 사랑으로 많은 기쁨과 위로를 받았노라(1:7)

바울은 감옥에 갇혀 있었습니다. 감옥은 행복한 장소가 아닙니다. 하지만 바울은 감옥에서도 기뻐할 수 있었습니다. 그 이유는 빌레몬 때문이었습니다. 빌레몬이 성도들을 사랑하고 섬긴다는 소식은 바울의 마음에 큰 위로가 되었습니다. 우리도 빌레몬처럼 성도들을 사랑하고 섬긴다면, 교회 안에 큰 기쁨과 위로가 넘칠 것입니다. 우리가 사랑하고 섬길 대상이 누구인지 생각해 봅시다.

> 갇힌 중에서 낳은 아들 오네시모를 위하여 네게 간구하노라 그가 전에는 네게 무익하였으나 이제는 나와 네게 유익하므로 네게 그를 돌려보내노니 그는 내 심복이라(1:10-12)

바울이 빌레몬에게 편지한 이유는 빌레몬이 오네시모를 용서해 주기를 바랐기 때문입니다. 원래 오네시모는 빌레몬의 노예였습니다. 오네시모는 빌레몬에게서 도망친 이후에 바울을 만났습니다. 오네시모는 바울을 통해 예수님을 영접했고, 바울의 동역자가 되었습니다. 하지만 빌레몬이 오네시모를 용서해 주지 않는다면, 바울은 마음 편히 오네시모와 일할 수 없었습니다.

> 그를 내게 머물러 있게 하여 내 복음을 위하여 갇힌 중에서 네 대신 나를 섬기게 하고자 하나 다만 네 승낙이 없이는 내가 아무것도 하기를 원하지 아니하노니 이는 너의 선한 일이 억지 같이 되지 아니하고 자의로 되게 하려 함이라(1:13-14)

바울은 교회의 지도자였습니다. 바울은 빌레몬에게 오네시모를 용서하라고 명령할 수 있었습니다. 하지만 바울은 명령하는 대신 정중

하게 부탁했습니다. 성도의 순종은 억지가 아니라 자발적으로 행해져야 하기 때문입니다.

묵상

왜 바울은 감옥에서도 기뻐할 수 있었습니까?

바울이 빌레몬에게 편지한 이유는 무엇입니까?

기도

하나님, 하나님은 저희가 자발적으로 하나님께 순종하기를 원하십니다. 자발적으로 악을 멀리하고, 선을 행하기를 원하십니다. 그러므로 저희가 하나님 말씀에 억지로 순종하지 않고, 자발적으로 순종하게 해 주세요. 자발적으로 악을 멀리하고, 선을 행하게 해 주세요. 예수님의 이름으로 기도합니다. 아멘.

너희 마음을 완고하게 하지 말라

히브리서 1–4장 | 찬송가 368장. 주 예수여 은혜를

> 옛적에 선지자들을 통하여 여러 부분과 여러 모양으로 우리 조상들에게 말씀하신 하나님이 이 모든 날 마지막에는 아들을 통하여 우리에게 말씀하셨으니(1:1–2)

히브리서는 무명의 저자가 유대교로 돌아가려는 성도들에게 쓴 편지입니다. 유대교는 기독교에서 예수님을 제거한 것입니다. 그래서 히브리서의 저자는 예수님 없는 기독교는 아무것도 아니라는 사실을 강조합니다. 하나님은 구약 시대에 여러 선지자를 통해 말씀하셨습니다. 그리고 "마지막에는 아들을 통하여 우리에게 말씀"하셨습니다. 따라서 구약 성경은 예수님을 기준으로 해석해야 합니다. 예수님이 없는 구약 해석은 올바른 해석이 아닙니다. 예수님을 보여

주지 않는 구약 해석은 복음이 아닙니다.

> 그가 천사보다 훨씬 뛰어남은 그들보다 더욱 아름다운 이름을 기업으로 얻으심이니 하나님께서 어느 때에 천사 중 누구에게 너는 내 아들이라 오늘 내가 너를 낳았다 하셨으며 또다시 나는 그에게 아버지가 되고 그는 내게 아들이 되리라 하셨느냐(1:4-5)

예수님은 천사보다 훨씬 뛰어나신 분입니다. 천사들은 하나님의 도구이지만, 예수님은 하나님의 아들이시기 때문입니다. 천사들은 하나님의 종으로서 사람들을 섬기는 존재이지만, 예수님은 하나님께서 세우신 왕으로서 사람들의 섬김을 받아야 할 분입니다.

> 오직 우리가 천사들보다 잠시 동안 못하게 하심을 입은 자 곧 죽음의 고난 받으심으로 말미암아 영광과 존귀로 관을 쓰신 예수를 보니 이를 행하심은 하나님의 은혜로 말미암아 모든 사람을 위하여 죽음을 맛보려 하심이라(2:9)

사람들은 예수님의 죽음을 보고서 예수님을 천사보다 못한 존재로 생각했습니다. 하지만 예수님은 천사보다 못한 존재여서 죽임을 당하신 것이 아닙니다. 예수님의 죽음은 우리에게 하나님의 은혜를 전달해 주는 죽음입니다. 예수님의 죽음은 우리의 구원을 이루는 죽음입니다. 그래서 예수님은 죽음을 통해 낮아지지 않으시고, 오히려 죽음을 통해 영광을 얻으셨습니다.

> 광야에서 시험하던 날에 거역하던 것 같이 너희 마음을 완고하게 하지 말라(3:8)

히브리서의 저자는 출애굽 사건을 통해 경고합니다. 출애굽 한 이스라엘 백성들은 가나안 땅에 들어가지 못했습니다. 그들이 광야에서 하나님을 거역했기 때문입니다. 마찬가지로 예수님을 떠나는 것은 하나님을 거역하는 일입니다. 하나님을 거역하는 자들은 천국에 들어가지 못할 것입니다.

> 그러므로 우리는 두려워할지니 그의 안식에 들어갈 약속이 남아 있을지라도 너희 중에는 혹 이르지 못할 자가 있을까 함이라(4:1)

히브리서의 저자는 두렵다고 말합니다. 당시에 예수님을 버리고서 유대교로 돌아가는 자들이 있었고, 예수님을 떠난 자는 천국에 들어갈 수 없기 때문입니다. 따라서 어떤 일이 있어도 예수님을 떠나서는 안 됩니다. 예수님이 떠난 자에게는 구원도 없고 천국도 없다는 믿음을 가지고 살아야 합니다. 예수님을 떠난 자는 영원한 형벌을 받는다는 두려움을 가지고 살아야 합니다.

묵상

히브리서는 누가 누구에게 쓴 편지입니까?

왜 히브리서의 저자는 두렵다고 말합니까?

기도

하나님, 예수님 없는 기독교는 없습니다. 기독교의 핵심은 예수님이고, 신앙의 핵심도 예수님입니다. 예수님을 떠나서는 구원도 없고, 천국도 없습니다. 그러므로 저희가 예수님을 바르게 알게 해 주세요. 예수님을 올바르게 믿게 해 주세요. 예수님의 이름으로 기도합니다. 아멘.

예수는 더 좋은 언약의 보증이 되셨느니라

히브리서 5-8장 | 찬송가 375장. 나는 갈 길 모르니

> 또한 이와 같이 다른 데서 말씀하시되 네가 영원히 멜기세덱의 반차를 따르는 제사장이라 하셨으니(5:6)

예수님은 우리의 제사장이십니다. 제사장은 사람들이 하나님께 갈 수 있도록 길을 열어 주는 역할을 합니다. 우리가 하나님께 갈 수 있는 것은 예수님이 우리의 제사장이시기 때문입니다. 그런데 유대교 신자들은 예수님을 제사장으로 인정하지 않았습니다. 유대인들은 아론의 후손만 제사장이 될 수 있다고 믿었기 때문입니다. 그래서 히브리서의 저자는 예수님은 아론 계통의 제사장이 아니라, 멜기세덱 계통의 제사장이라고 말합니다. 멜기세덱은 아론의 후손이 아니

었습니다. 하지만 하나님은 멜기세덱을 제사장으로 세우셨습니다. 예수님도 마찬가지입니다.

> 땅이 그 위에 자주 내리는 비를 흡수하여 밭 가는 자들이 쓰기에 합당한 채소를 내면 하나님께 복을 받고 만일 가시와 엉겅퀴를 내면 버림을 당하고 저주함에 가까워 그 마지막은 불사름이 되리라(6:7-8)

히브리서의 수신자는 기독교와 유대교 사이에서 갈등하고 있는 사람들이었습니다. 만약 그들이 기독교를 버리고 유대교로 돌아가면 어떻게 될까요? 히브리서의 저자는 그들이 반드시 하나님의 저주를 받을 것이라고 경고합니다. 우리도 마찬가지입니다. 예수님을 떠난 대가는 하나님의 저주입니다. 교회를 떠나고, 예수님을 떠나는 것을 쉽게 생각해서는 안 됩니다. 그것은 영원히 심판받을 죄입니다.

> 이와 같이 예수는 더 좋은 언약의 보증이 되셨느니라(7:22)

언약은 크게 두 종류로 나눌 수 있습니다. 행위 언약과 은혜 언약입니다. 행위 언약의 보증인은 아담입니다. 하나님은 아담을 통해 모든 인류와 행위 언약을 맺으셨습니다. 아담에게 속한 자들은 행위로 구원을 얻어야 합니다. 그런데 사람이 타락한 이후로는 행위로 구원 얻을 자가 아무도 없습니다. 그래서 히브리서의 저자는 은혜 언약이 더 좋은 언약이라고 말합니다. 은혜 언약의 조건은 행위가 아니라 믿음이기 때문입니다. 하나님은 예수님을 통해 우리와 은혜 언약을 맺으셨습니다. 그래서 우리는 행위가 아니라 믿음으로 구원을 얻습니다.

> 지금 우리가 하는 말의 요점은 이러한 대제사장이 우리에게 있다는 것이라 그는 하늘에서 지극히 크신 이의 보좌 우편에 앉으셨으니(8:1)

예수님은 지금 어떤 일을 하고 계실까요? 예수님은 하늘 보좌에서 온 세상을 다스리고 계십니다. 예수님께서 온 세상을 다스리는 목적은 우리의 구원입니다. 예수님은 우리를 구원하시기 위해서 온 세상을 다스리십니다. 따라서 우리에게 일어나는 일들은 우리의 구원을 위한 일입니다. 그래서 사도 바울은 다음과 같이 말했습니다. "우리가 알거니와 하나님을 사랑하는 자 곧 그의 뜻대로 부르심을 입은 자들에게는 모든 것이 합력하여 선을 이루느니라"(롬 8:28).

묵상

언약을 두 가지로 나누면 무엇과 무엇입니까?

그중에 더 좋은 언약은 무엇이며, 그 이유는 무엇입니까?

기도

하나님, 만약 저희가 행위로 구원을 얻어야 한다면, 저희는 절대로 구원을 얻지 못할 것입니다. 하지만 하나님은 저희에게 행위가 아니라 믿음을 요구하셨습니다. 하나님은 저희의 믿음만 보시고, 저희를 의롭다고 해 주셨습니다. 하나님께서 베풀어 주신 은혜를 늘 기억하며 살아가게 해 주세요. 예수님의 이름으로 기도합니다. 아멘.

오직 자기의 피로 영원한 속죄를 이루사

히브리서 9–10장 | 찬송가 382장. 너 근심 걱정 말아라

> 이런 것은 먹고 마시는 것과 여러 가지 씻는 것과 함께 육체의 예법일 뿐이며 개혁할 때까지 맡겨 둔 것이니라(9:10)

구약 시대에는 성전을 통해서 하나님께 나아갔습니다. 하지만 성전을 통해서 하나님께 나아가는 것은 영원한 규칙이 아니었습니다. 성전의 기능은 구약 시대까지였습니다. 신약 시대에는 성전이 아니라 예수님이 하나님께 나아가는 방법입니다. 예수님을 믿고 의롭게 된 사람은 담대하게 하나님께 나아갈 수 있습니다.

> 염소와 송아지의 피로 하지 아니하고 오직 자기의 피로 영원한 속죄를 이루사 단

번에 성소에 들어가셨느니라(9:12)

구약 시대에는 짐승의 피로 제사를 드렸습니다. 짐승의 피에는 작은 가치만 있을 뿐입니다. 그래서 구약의 제사는 계속 반복되어야 했습니다. 예수님은 자기의 피로 제사를 드리셨습니다. 예수님의 피에는 무한한 가치가 있습니다. 그래서 더 이상 제사를 반복할 필요가 없습니다. 예수님은 자기의 피로 우리의 모든 죄를 깨끗하게 해결하셨습니다. 예수님은 십자가에서 우리의 과거와 현재와 미래의 죄를 모두 해결해 주셨습니다.

한번 죽는 것은 사람에게 정해진 것이요 그 후에는 심판이 있으리니(9:27)

세상 사람들은 윤회를 믿습니다. 죽음과 삶이 반복된다고 믿습니다. 하지만 죽음과 삶은 반복되지 않습니다. 죽음 이후에는 새로운 삶이 아니라 심판이 우리를 기다리고 있습니다. 그러므로 우리는 심판을 준비하며 살아야 합니다. 하나님의 심판 날에 칭찬받도록 노력해야 합니다.

율법은 장차 올 좋은 일의 그림자일 뿐이요 참형상이 아니므로 해마다 늘 드리는 같은 제사로는 나아오는 자들을 언제나 온전하게 할 수 없느니라(10:1)

구약의 제사는 우리의 죄를 완전하게 해결해 주지 못합니다. 사실 구약의 제사는 예수님의 그림자일 뿐입니다. 우리를 온전하게 하는 것은 구약의 제사가 아니라 예수님의 십자가입니다. 예수님의 십자가를 믿는 믿음이 우리를 온전하게 합니다. 예수님의 죽음이 우리를 위한 죽음임을 믿습니까? 그렇다면 우리는 온전하게 되었습니다.

우리의 죄는 깨끗하게 사라졌습니다.

▎ 그가 거룩하게 된 자들을 한 번의 제사로 영원히 온전하게 하셨느니라(10:14)

구약의 제사장들은 평생 제사를 드렸습니다. 하지만 예수님은 한 번의 제사만 드리셨습니다. 그 이유는 예수님의 제사에 무한한 가치가 있기 때문입니다. 예수님께서 자기 몸으로 드린 제사에 영원한 효력이 있기 때문입니다. 따라서 우리가 온전하게 된 것은 전적으로 예수님 때문입니다. 예수님의 십자가 때문입니다.

묵상

구약 시대에는 무엇을 통해 하나님께 나아갔습니까? 지금은 누구를 통해 하나님께 나아갑니까?

죽음 이후에는 무엇이 있습니까?

기도

하나님, 죽음 이후에는 윤회의 새로운 삶이 아니라 심판이 있습니다. 그러므로 저희가 심판을 준비하며 살아가게 해 주세요. 하나님의 심판대 앞에서 부끄럽지 않도록, 저희에게 주어진 삶을 거룩하고 성실하게 살아가게 해 주세요. 예수님의 이름으로 기도합니다. 아멘.

믿음으로 모든 세계가 하나님의 말씀으로 지어진 줄을 우리가 아나니

히브리서 11-13장 | 찬송가 408장. 나 어느 곳에 있든지

> 믿음으로 모든 세계가 하나님의 말씀으로 지어진 줄을 우리가 아나니 보이는 것은 나타난 것으로 말미암아 된 것이 아니니라(11:3)

우리는 하나님의 창조를 보지 못했습니다. 하지만 우리는 하나님의 창조가 역사적 사실임을 알고 있습니다. 하나님께서 말씀으로 세상을 창조하셨음을 알고 있습니다. 무에서 유가 창조되었음을 알고 있습니다. 어떻게 보지 않은 것을 알 수 있을까요? 믿음 때문입니다. 믿음에는 보지 못한 것을 알게 하는 힘이 있습니다.

> 믿음으로 노아는 아직 보이지 않는 일에 경고하심을 받아 경외함으로 방주를 준비하여 그 집을 구원하였으니 이로 말미암아 세상을 정죄하고 믿음을 따르는 의의 상속자가 되었느니라(11:7)

노아는 대홍수를 본 적이 없습니다. 하지만 노아는 대홍수가 일어날 것이라고 믿었습니다. 그래서 노아는 방주를 준비했습니다. 그 결과 노아의 집은 구원을 얻었습니다. 우리도 노아처럼 살아야 합니다. 하나님이 계심을 믿어야 하고, 하나님께서 우리와 함께하심을 믿어야 하고, 하나님께서 우리를 도와주심을 믿어야 합니다. 그 믿음이 우리를 강하게 합니다. 믿음이 우리의 힘입니다.

> 이러므로 우리에게 구름 같이 둘러싼 허다한 증인들이 있으니 모든 무거운 것과 얽매이기 쉬운 죄를 벗어 버리고 인내로써 우리 앞에 당한 경주를 하며 믿음의 주요 또 온전하게 하시는 이인 예수를 바라보자(12:1-2)

우리에게는 증인들이 있습니다. 믿음으로 승리한 증인들이 있습니다. 아벨, 에녹, 노아, 아브라함, 이삭, 야곱, 요셉, 모세 등이 대표적인 믿음의 사람들입니다(11장). 이들은 믿음으로 예배했고, 믿음으로 살았고, 믿음으로 구원을 얻었습니다. 우리도 이들처럼 살아야 합니다. 우리도 이들처럼 믿음을 가지고 살아야 합니다. 특히 예수님을 믿는 믿음, 예수님께서 우리를 온전하게 하신다는 믿음을 가지고 살아야 합니다.

> 돈을 사랑하지 말고 있는 바를 족한 줄로 알라 그가 친히 말씀하시기를 내가 결코 너희를 버리지 아니하고 너희를 떠나지 아니하리라 하셨느니라(13:5)

세상 사람들은 돈을 사랑합니다. 돈이 있어야 행복하고, 돈이 있어야 안전하다고 생각합니다. 하지만 우리는 돈을 사랑하지 말아야 합니다. 돈이 우리를 행복하게 하고, 돈이 우리를 안전하게 한다고 생각하지 말아야 합니다. 대신 하나님을 사랑해야 합니다. 하나님께서 우리를 행복하게 하시고, 하나님께서 우리를 안전하게 보호하신다는 믿음을 가져야 합니다. 하나님께서 절대로 우리를 떠나지 않으신다는 믿음을 가져야 합니다.

묵상

하나님의 창조를 아는 지식은 어디에서 옵니까?

돈을 무엇보다 사랑하는 세상에서, 우리는 어떤 믿음을 가지고 살아야 합니까?

기도

하나님, 구약의 성도들은 믿음을 가지고 살았습니다. 믿음으로 인내하고, 믿음으로 승리하고, 믿음으로 구원을 얻었습니다. 저희도 이 세상을 믿음으로 살게 해주세요. 인내하는 믿음, 승리하는 믿음, 구원 얻는 믿음을 가지고 살아가게 해 주세요. 예수님의 이름으로 기도합니다. 아멘.

일주일에 한 번,
온 가족 말씀 동행 프로젝트

야고보서
베드로전후서

시험을 참는 자는 복이 있나니

야고보서 1-2장 | 찬송가 9장. 하늘에 가득 찬 영광의 하나님

> 하나님과 주 예수 그리스도의 종 야고보는 흩어져 있는 열두 지파에게 문안하노라(1:1)

야고보서는 예수님의 동생 야고보가 흩어진 기독교인들에게 보낸 편지입니다. 당시 기독교인들은 세상의 박해로 인해 여러 지방으로 흩어지는 아픔을 겪었습니다. 야고보서는 그들을 위로하고 격려하는 말씀입니다. 바로 이것이 건강한 교회의 모습입니다. 교회는 함께 울고, 함께 웃는 공동체입니다. 지금 우리 곁에서 울고 있는 사람은 누구입니까? 우리가 위로하고 격려해야 할 사람은 누구입니까?

> 시험을 참는 자는 복이 있나니 이는 시련을 견디어 낸 자가 주께서 자기를 사랑하는 자들에게 약속하신 생명의 면류관을 얻을 것이기 때문이라(1:12)

당시 기독교인들은 많은 어려움을 겪었습니다. 예수님을 믿는 믿음 때문에 수많은 고난을 겪었습니다. 그래서 믿음을 버리고 세상으로 돌아가는 자들도 적지 않았습니다. 이에 야고보는 시험을 참아야 한다고 말합니다. 시련을 견뎌야 한다고 말합니다. 시험을 참는 자에게는 복이 있기 때문입니다. 시련을 견디는 자에게는 하나님께서 주시는 영생이 있기 때문입니다. 혹시 믿음 때문에 겪는 어려움이 있습니까? 신앙을 지키기 위해서 겪는 고난이 있습니까? 하나님께서 복을 주실 것입니다. 하나님께서 영원한 생명을 선물로 주실 것입니다.

> 하나님이 세상에서 가난한 자를 택하사 믿음에 부요하게 하시고 또 자기를 사랑하는 자들에게 약속하신 나라를 상속으로 받게 하지 아니하셨느냐 너희는 도리어 가난한 자를 업신여겼도다(2:5-6)

세상 사람들은 사람을 차별합니다. 사람을 외모와 재산으로 구분합니다. 하지만 우리는 사람을 차별하거나 구분해서는 안 됩니다. 오히려 세상에서 소외되는 자들을 더 사랑해야 하고, 세상에서 차별받는 자들을 더 배려해야 합니다. 이것은 예수님이 삶으로 보여 주신 진리입니다. 예수님은 당시 차별받던 자들을 가까이하셨습니다. 소외되던 자들을 긍휼히 여기셨습니다. 우리도 예수님처럼 살아야 합니다.

> 만일 형제나 자매가 헐벗고 일용할 양식이 없는데 너희 중에 누구든지 그에게 이르되 평안히 가라, 덥게 하라, 배부르게 하라 하며 그 몸에 쓸 것을 주지 아니하

> 면 무슨 유익이 있으리요 이와 같이 행함이 없는 믿음은 그 자체가 죽은 것이라
> (2:15-17)

우리가 예수님을 믿는다면, 우리는 마땅히 예수님의 말씀대로 살아야 합니다. 예수님을 하나님의 아들로 믿는다고 하면서, 예수님의 말씀대로 살지 않는 것은 '어불성설'입니다. 따라서 우리는 어려움을 겪는 자들을 실제로 도와주어야 합니다. 말로만 사랑하지 않고, 행동으로 사랑해야 합니다. 행동하는 사랑 없이 말로만 사랑하는 것은 죽은 사랑이며 죽은 믿음입니다.

묵상

야고보서는 누가 누구에게 쓴 편지입니까?

예수님을 믿는다면 마땅히 어떻게 살아야 합니까?

기도

하나님, 저희가 입으로만 사랑하지 않고, 행동으로 사랑하기를 원합니다. 죽은 믿음으로 살지 않고, 살아서 행동하는 믿음으로 살게 해 주세요. 어려움을 겪는 자들을 실제로 도와주게 해 주세요. 예수님의 이름으로 기도합니다. 아멘.

선을 행할 줄 알고도 행하지 아니하면 죄니라

야고보서 3-5장 | 찬송가 68장. 오 하나님 우리의 창조주시니

> 우리가 다 실수가 많으니 만일 말에 실수가 없는 자라면 곧 온전한 사람이라 능히 온 몸도 굴레 씌우리라(3:2)

모든 사람은 죄인입니다. 그래서 누구나 실수를 합니다. 특히 말실수를 많이 합니다. 그러므로 우리는 말을 할 때 주의해야 합니다. 말로 실수하지 않도록, 말로 죄를 짓지 않도록, 말로 상처를 주지 않도록 조심해야 합니다. 꼭 필요한 말만 해야 하고, 상황에 적절한 말만 해야 합니다. 그리고 거짓된 말과 비방하는 말은 피해야 합니다.

구하여도 받지 못함은 정욕으로 쓰려고 잘못 구하기 때문이라(4:3)

하나님은 우리에게 기도하라고 하셨습니다. 우리의 기도를 들으시고, 우리의 기도에 응답하신다고 하셨습니다. 하지만 하나님께서 응답하지 않으시는 기도가 있습니다. 욕심 때문에 하는 기도입니다. 꼭 필요한 만큼 기도하지 않고, 욕심만큼 구하는 기도입니다. 그런 기도는 우리에게 유익하지 않기 때문에, 하나님께서 응답하지 않으십니다.

그러므로 사람이 선을 행할 줄 알고도 행하지 아니하면 죄니라(4:17)

세상 사람들은 죄로 인해 마음이 어두워졌습니다. 그래서 무엇이 선인지 알지 못합니다. 그뿐만이 아닙니다. 세상 사람들에게는 선을 행할 능력도 없습니다. 전적으로 타락했기 때문입니다. 우리는 다릅니다. 하나님은 우리에게 성령님을 보내 주셨습니다. 그래서 우리는 무엇이 선인지 알 수 있고, 선을 행할 수도 있습니다. 따라서 우리는 선을 행해야 합니다. 하나님께서 선을 행할 수 있는 능력을 주셨는데도 선을 행하지 않으면, 하나님께 죄를 짓는 것입니다.

들으라 부한 자들아 너희에게 임할 고생으로 말미암아 울고 통곡하라 너희 재물은 썩었고 너희 옷은 좀먹었으며 너희 금과 은은 녹이 슬었으니 이 녹이 너희에게 증거가 되며 불같이 너희 살을 먹으리라 너희가 말세에 재물을 쌓았도다(5:1–3)

야고보는 부자들이 하나님의 심판을 받을 것이라고 말합니다. 그들이 심판받는 것은 단지 부자여서가 아닙니다. 하나님께서 주신 재물을 하나님의 뜻대로 사용하지 않았기 때문입니다. 우리도 마찬가지입니다. 우리가 가진 모든 것은 하나님께서 주신 것입니다. 우리 역시 하나님의 뜻대로 사용하지 않는다면, 하나님의 징계를 받을 것입니다.

> 너희 중에 고난당하는 자가 있느냐 그는 기도할 것이요 즐거워하는 자가 있느냐 그는 찬송할지니라(5:13)

슬픈 일이 있을지 기쁜 일이 있을지, 우리는 알 수 없습니다. 하지만 슬프고 기쁜 일을 겪을 때, 우리가 무엇을 해야 하는지는 알 수 있습니다. 슬플 때 해야 하는 일은 기도이고, 기쁠 때 해야 하는 일은 찬송입니다. 기도는 슬픔을 이기게 하고, 찬송은 기쁨 가운데 겸손하게 합니다.

묵상

우리가 특히 자주 하는 실수는 무엇입니까?

하나님께서 응답하지 않으시는 기도는 어떤 기도입니까?

기도

하나님, 저희는 많은 죄를 지으며 살아갑니다. 특히 입으로 죄를 지을 때가 많습니다. 상대에게 말로 상처를 줄 때가 많습니다. 저희의 생각과 마음을 거룩하게 하셔서, 말에 실수가 없게 해 주세요. 거룩한 생각과 거룩한 말을 하게 해 주세요. 이웃을 기쁘게 하고, 이롭게 하는 말을 하게 해 주세요. 예수님의 이름으로 기도합니다. 아멘.

오히려 크게 기뻐하는도다

베드로전서 1–5장 | 찬송가 199장, 나의 사랑하는 책

> 그러므로 너희가 이제 여러 가지 시험으로 말미암아 잠깐 근심하게 되지 않을 수 없으나 오히려 크게 기뻐하는도다(1:6)

베드로전서는 베드로가 고난받던 그리스도인들에게 쓴 편지입니다. 당시 그리스도인들은 여러 가지 시험을 당하고 있었습니다. 대표적인 사건이 네로 황제의 핍박입니다. 당시 로마에서는 대화재가 발생했습니다. 네로 황제는 화재의 배후로 그리스도인들을 지목했습니다. 네로 황제는 그리스도인들을 콜로세움 경기장에 세웠습니다. 그리스도인들은 로마 시민들의 구경거리가 되어, 콜로세움 경기장에서 죽임을 당했습니다. 베드로와 바울도 이 시기에 죽

임을 당한 것으로 알려져 있습니다. 그런데 베드로는 고난 중에도 기뻐할 수 있다고 말합니다. 베드로전서는 그 비결을 알려 주는 편지입니다.

> 그러나 너희는 택하신 족속이요 왕 같은 제사장들이요 거룩한 나라요 그의 소유가 된 백성이니(2:9)

왜 우리는 고난 중에도 기뻐할 수 있습니까? 하나님께서 우리를 택하셨기 때문입니다. 하나님께서 우리를 하나님 나라의 백성으로 선택하셨기 때문입니다. 바로 이것이 우리가 고난 중에도 기뻐할 이유입니다. 우리가 선택받은 백성인 것을 알 때, 고난을 이길 수 있습니다.

> 주의 눈은 의인을 향하시고 그의 귀는 의인의 간구에 기울이시되 주의 얼굴은 악행하는 자들을 대하시느니라 하였느니라(3:12)

왜 우리는 고난 중에도 기뻐할 수 있습니까? 하나님께서 우리를 항상 지켜보시고, 우리의 기도를 항상 들으시기 때문입니다. 하나님은 우리를 보호하시기 위해 우리를 항상 지켜보시고, 우리에게 은혜 베푸시기 위해 항상 우리의 기도를 들으십니다. 이것이 우리를 향한 하나님의 사랑입니다. 우리를 향한 하나님의 사랑을 알 때, 고난을 이길 수 있습니다.

> 오히려 너희가 그리스도의 고난에 참여하는 것으로 즐거워하라 이는 그의 영광을 나타내실 때에 너희로 즐거워하고 기뻐하게 하려 함이라(4:13)

왜 우리는 고난 중에도 기뻐할 수 있습니까? 우리가 이 세상에서 당한 고난을 하나님께서 다음 세상에서 갚아 주시기 때문입니다. 하나님은 우리가 당한 고난을 모르지 않으십니다. 하나님은 우리가 당한 고난을 모두 아십니다. 하나님은 마지막 날에 우리에게 좋은 것으로 갚아 주실 것입니다. 최후의 심판이 있다는 것을 알 때, 고난을 이길 수 있습니다.

> 근신하라 깨어라 너희 대적 마귀가 우는 사자 같이 두루 다니며 삼킬 자를 찾나니 (5:8)

고난이 무서운 이유는 사탄이 고난을 이용해서 우리를 공격하기 때문입니다. 사탄은 고난을 이용해서 우리의 신앙을 무너뜨리려고 합니다. 그래서 우리는 고난 중에 더욱더 깨어 있어야 합니다. 고난 중에 더욱더 경건 생활에 힘써야 합니다. 그래야 사탄의 시험을 이길 수 있고, 고난을 이길 수 있습니다.

묵상

베드로가 베드로전서를 쓸 당시 그리스도인들은 어떤 일을 겪었습니까?

왜 우리는 고난 중에도 기뻐할 수 있습니까?

기도

하나님, 저희를 힘들게 하는 고난이 많습니다. 저희의 믿음을 약하게 만드는 시험이 많습니다. 저희가 고난을 이길 수 있도록 도와주세요. 고난 중에도 기뻐할 수 있도록 도와주세요. 특히 고난으로 저희를 공격하는 사탄의 시험을 이길 수 있도록 도와주세요. 예수님의 이름으로 기도합니다. 아멘.

성경의 모든 예언은 사사로이 풀 것이 아니니

베드로후서 1-3장 | 찬송가 205장. 주 예수 크신 사랑

> 예수 그리스도의 종이며 사도인 시몬 베드로는 우리 하나님과 구주 예수 그리스도의 의를 힘입어 동일하게 보배로운 믿음을 우리와 함께 받은 자들에게 편지하노니(1:1)

베드로후서의 저자는 사도 베드로입니다. 베드로는 교회에 침입한 이단들로부터 성도들을 보호하기 위해 베드로후서를 기록했습니다. 베드로는 자신을 예수님의 종으로 소개합니다. 종은 주인에게 철저하게 복종하는 존재입니다. 실제로 베드로는 자신의 인생을 예수님께 드렸습니다. 베드로는 예수님을 위해서 살았고, 예수님을 위해서 죽었습니다.

> 먼저 알 것은 성경의 모든 예언은 사사로이 풀 것이 아니니 예언은 언제든지 사람의 뜻으로 낸 것이 아니요 오직 성령의 감동하심을 받은 사람들이 하나님께 받아 말한 것임이라(1:20-21)

베드로는 성경을 사사로이 풀지 말라고 말합니다. 성경을 자기 마음대로 해석하지 말라는 뜻입니다. 성경은 사람이 마음대로 기록한 것이 아니기 때문입니다. 하나님은 성경 저자들이 성령 충만한 상태에서 성경을 기록하도록 하셨습니다. 성경 저자에게 지혜는 더하셨고, 죄는 억제하셨습니다. 그래서 성경에는 모순과 오류가 없습니다. 성경은 단어 하나까지 하나님의 말씀입니다.

> 그들이 탐심으로써 지어낸 말을 가지고 너희로 이득을 삼으니 그들의 심판은 옛적부터 지체하지 아니하며 그들의 멸망은 잠들지 아니하느니라(2:3)

베드로는 이단들의 특징이 도덕적인 타락이라고 말합니다. 이단들은 특히 돈을 사랑하는 성향이 있다고 말합니다. 따라서 우리는 복음을 돈벌이 수단으로 삼는 자들을 조심해야 합니다. 하나님보다 돈을 더 사랑하는 자들을 경계해야 합니다. 그리고 이단들을 타산지석(他山之石)으로 삼아야 합니다. 이단들과 다르게 도덕적인 사람이 되어야 하고, 돈을 절제하는 사람이 되어야 합니다.

> 이르되 주께서 강림하신다는 약속이 어디 있느냐 조상들이 잔 후로부터 만물이 처음 창조될 때와 같이 그냥 있다 하니(3:4)

예수님은 2,000년 전 초림(初臨)하셨습니다. 그리고 언젠가는 재림(再臨)하실 것입니다. 초림 때는 연약한 아기의 모습으로 세상에 오셨지만, 재림 때는 두려운 심판주의 모습으로 오실 것입니다. 그러므로 우리는 재림을 준비하며 살아야 합니다. 하나님의 심판대에 서는 날을 준비하며 살아야 합니다. 세상은 예수님의 재림과 최후의 심판을 믿지 않습니다. 세상 사람들은 만물이 계속 이대로 유지된다고 주장합니다. 어리석은 생각입니다. 끝까지 예수님을 믿지 않은 자들은 마지막 심판 날에 영원히 멸망할 것입니다.

묵상

왜 성경을 마음대로 해석하면 안 됩니까?

세상은 지금 이대로 계속 유지됩니까?

기도

하나님, 예수님의 재림과 최후의 심판을 믿습니다. 모든 사람이 하나님의 심판대 앞에 서는 날이 있다는 것을 믿습니다. 그러니 저희가 종말 신앙을 가지고 살아가게 해주세요. 마지막 날 하나님께 칭찬받는 삶을 살아가게 해 주세요. 예수님의 이름으로 기도합니다. 아멘.

일주일에 한 번,
온 가족 말씀 동행 프로젝트

요한일서
요한이서
요한삼서
유다서

우리에게 대언자가 있으니 곧 의로우신 예수 그리스도시라

요한일서 1-2장 | 찬송가 214장. 나 주의 도움 받고자

> 태초부터 있는 생명의 말씀에 관하여는 우리가 들은 바요 눈으로 본 바요 자세히 보고 우리의 손으로 만진 바라(1:1)

요한일서의 저자는 사도 요한입니다. 요한은 예수님의 제자로서, 예수님과 3년이라는 시간을 함께 보냈습니다. 요한은 예수님과 함께 먹고 마셨으며, 예수님 곁에서 살을 부대끼고 지냈습니다. 그런데 당시 이단들은 예수님의 성육신을 부인했습니다. 그들은 예수님께서 실제로 사람이 되신 적이 없다고 주장했습니다. 요한은 이단들의 거짓된 주장으로부터 교회를 보호하기 위해 요한일서를 기록했

습니다.

> 이 생명이 나타내신 바 된지라 이 영원한 생명을 우리가 보았고 증언하여 너희에게 전하노니 이는 아버지와 함께 계시다가 우리에게 나타내신 바 된 이시니라(1:2)

예수님은 아버지와 함께 계시다가 우리에게 나타내신 바 되셨습니다. 예수님은 성부 하나님과 동등한 성자 하나님이지만, 우리를 구원하기 위해 사람이 되셨습니다. 하나님의 지위에서 사람의 지위로 낮아지신 것입니다. 그 이유는 우리 대신 죽기 위해서입니다. 하나님으로서는 죽을 수 없기에 사람이 되신 것입니다. 예수님께서 우리 대신 죽으셨기 때문에 우리의 구원은 확실합니다. 사람이 되신 예수님 때문에 우리의 죄는 깨끗하게 해결되었습니다.

> 만일 우리가 죄가 없다고 말하면 스스로 속이고 또 진리가 우리 속에 있지 아니할 것이요 만일 우리가 우리 죄를 자백하면 그는 미쁘시고 의로우사 우리 죄를 사하시며 우리를 모든 불의에서 깨끗하게 하실 것이요(1:8-9)

우리는 죄를 자백하는 일을 무서워할 필요가 없습니다. 죄가 없는 것처럼 연기할 필요도 없습니다. 하나님은 사랑이 많으시고 의로우시기 때문입니다. 우리가 죄를 자백하면 하나님은 우리의 죄를 용서해 주십니다. 우리가 예수님을 의지하여 회개하면, 하나님은 우리의 죄를 깨끗하게 용서해 주십니다.

> 나의 자녀들아 내가 이것을 너희에게 씀은 너희로 죄를 범하지 않게 하려 함이라 만일 누가 죄를 범하여도 아버지 앞에서 우리에게 대언자가 있으니 곧 의로우신

▌ 예수 그리스도시라(2:1)

우리는 거룩한 하나님의 자녀입니다. 따라서 우리는 거룩한 삶을 살아야 합니다. 최선을 다해서 죄와 싸워야 합니다. 하지만 죄를 지었다고 해서 우리의 구원이 취소되는 것은 아닙니다. 하나님과 우리 사이에 예수님이 계시기 때문입니다. 우리가 받아야 할 벌을 예수님께서 대신 받으셨기 때문입니다. 따라서 우리는 죄 때문에 우리의 구원이 취소될지 모른다는 두려움을 가지지 말아야 합니다. 가장 비참한 순간에도 예수님은 우리의 구원자가 되신다는 믿음을 가져야 합니다.

묵상

왜 예수님은 사람이 되셨습니까?

왜 우리는 죄를 숨길 필요가 없습니까?

기도

하나님, 저희는 죄인입니다. 저희는 날마다 죄를 짓습니다. 하지만 예수님 때문에 저희의 죄가 깨끗하게 해결되었음을 믿습니다. 이제 저희는 예수님을 의지하여 하나님 앞에 담대히 나아갈 수 있습니다. 저희에게 예수님을 보내 주셔서 감사합니다. 저희를 위해 사람이 되신 예수님을 찬양합니다. 예수님의 이름으로 기도합니다. 아멘.

하나님께로부터 난 자마다 죄를 짓지 아니하나니

요한일서 3-5장 | 찬송가 252장. 나의 죄를 씻기는

> 하나님께로부터 난 자마다 죄를 짓지 아니하나니 이는 하나님의 씨가 그의 속에 거함이요 그도 범죄하지 못하는 것은 하나님께로부터 났음이라(3:9)

하나님의 백성은 죄를 짓지 않습니다. 죄를 전혀 짓지 않는다는 말이 아닙니다. 양심의 가책 없이 계속해서 죄를 반복하지 않는다는 말입니다. 하나님의 백성 안에는 성령님께서 거하십니다. 성령님은 우리가 죄를 지을 때마다 양심의 가책을 느끼게 하십니다. 우리는 하나님의 백성입니까? 그렇다면 죄를 미워해야 합니다. 죄를 부끄럽게 생각해야 합니다. 죄를 반복하지 않기 위해 노력해야 합니다.

> 누가 이 세상의 재물을 가지고 형제의 궁핍함을 보고도 도와 줄 마음을 닫으면 하나님의 사랑이 어찌 그 속에 거하겠느냐 자녀들아 우리가 말과 혀로만 사랑하지 말고 행함과 진실함으로 하자(3:17-18)

하나님은 우리를 입으로만 사랑하지 않으셨습니다. 하나님은 아들을 주시는 구체적인 행동으로 우리를 사랑하셨습니다. 예수님은 우리 대신 죽으시는 구체적인 행동으로 우리를 사랑하셨습니다. 우리도 구체적인 행동으로 이웃을 사랑해야 합니다. 어려운 이웃에게 실제적인 도움을 주어야 합니다. 말과 혀로만 사랑하지 말고, 실천하는 행동으로 사랑해야 합니다.

> 누구든지 하나님을 사랑하노라 하고 그 형제를 미워하면 이는 거짓말하는 자니 보는바 그 형제를 사랑하지 아니하는 자는 보지 못하는바 하나님을 사랑할 수 없느니라(4:20)

하나님을 사랑한다고 말하면서, 형제를 미워하는 사람은 거짓말하는 사람입니다. 하나님을 사랑하는 것은 형제를 사랑하는 것으로 증명되어야 합니다. 하나님께서 용서하라 하셨기에 형제를 용서하는 것이 진정한 사랑입니다. 하나님께서 사랑하라 하셨기에 원수를 사랑하는 것이 진정한 사랑입니다. 눈에 보이는 형제를 사랑하는 것이 눈에 보이지 않는 하나님을 사랑하는 방법입니다.

> 하나님을 사랑하는 것은 이것이니 우리가 그의 계명들을 지키는 것이라 그의 계명들은 무거운 것이 아니로다(5:3)

사랑은 행동으로 증명되어야 합니다. 사랑은 실천으로 열매를 맺어야 합니다. 하나님을 사랑하는 것도 마찬가지입니다. 말과 입으로만 하나님을 사랑해서는 안 됩니다. 실천하는 행동으로 하나님을 사랑해야 합니다. 그래서 사도 요한은 하나님의 계명을 지키는 것이 곧 하나님을 사랑하는 것이라고 말합니다. 우리가 하나님을 사랑한다면, 하나님의 계명을 지켜야 합니다. 우리가 하나님을 사랑하기 원한다면, 계명을 실천하며 살아야 합니다.

> 아들이 있는 자에게는 생명이 있고 하나님의 아들이 없는 자에게는 생명이 없느니라(5:12)

영생은 사람의 힘으로 얻을 수 없습니다. 영생은 하나님께서 주시는 선물입니다. 하나님은 아들을 믿는 자에게 영생을 주십니다. 예수님을 구원자로 믿는 자에게 영생을 주십니다. 예수님을 하나님의 아들로 믿으십니까? 예수님을 구원자로 믿으십니까? 그렇다면 영생을 소유한 것입니다. 영원한 생명을 소유한 것입니다.

묵상

왜 하나님의 백성은 죄를 반복해서 계속 짓지 않습니까?

하나님을 사랑하는 것은 어떻게 증명되어야 합니까?

기도

하나님, 하나님은 아들을 주시는 행동으로 저희를 사랑하셨습니다. 저희도 계명을 지키는 행동으로 하나님을 사랑하기 원합니다. 하나님을 경배하는 행동으로 하나님을 사랑하게 해 주세요. 이웃을 섬기는 행동으로 하나님을 사랑하게 해 주세요. 예수님의 이름으로 기도합니다. 아멘.

그를 집에 들이지도 말고 인사도 하지 말라

요한이서, 요한삼서, 유다서 | 찬송가 257장. 마음에 가득한 의심을 깨치고

> 부녀여, 내가 이제 네게 구하노니 서로 사랑하자 이는 새 계명같이 네게 쓰는 것이 아니요 처음부터 우리가 가진 것이라(요이 1:5)

요한이서의 저자는 사도 요한입니다. 사도 요한은 이단으로부터 교회를 보호하기 위해 요한이서를 기록했습니다. 당시 이단들은 신앙과 삶이 별개라고 주장했습니다. 진리를 실천하지 않아도 상관없다고 주장했습니다. 이단들의 주장은 신자를 타락하게 만들고, 교회를 무너뜨릴 수 있었습니다. 그래서 사도 요한은 서로 사랑할 것을 강조합니다. 구원받은 자들은 반드시 사랑하며 살아야 합니다. 사랑을 실천하지 않는 자들은 참된 신자가 아닙니다.

> 누구든지 이 교훈을 가지지 않고 너희에게 나아가거든 그를 집에 들이지도 말고 사도 하지 말라(요이 1:10)

사도 요한은 이단과 인사도 하지 말라고 말합니다. 이단이 가져올 수 있는 해악 때문입니다. 이단은 신자를 타락하게 만들고, 교회를 무너뜨립니다. 따라서 우리는 이단을 경계해야 합니다. 이단들에 맞서 진리를 수호하고 교회를 지켜야 합니다.

> 내가 두어 자를 교회에 썼으나 그들 중에 으뜸 되기를 좋아하는 디오드레베가 우리를 맞아들이지 아니하니(요삼 1:9)

요한삼서의 저자는 사도 요한입니다. 요한이서가 이단으로부터 교회를 지키기 위한 편지였다면, 요한삼서는 디오드레베로부터 교회를 지키기 위한 편지였습니다. 디오드레베는 한 교회의 지도자였습니다. 그런데 디오드레베는 사도 요한이 보낸 설교자들을 추방했습니다. 교회에서 자신의 영향력이 줄어들 것을 두려워했기 때문입니다. 디오드레베는 교회의 유익보다 자신의 영향력을 더 중요하게 생각했습니다. 디오드레베와 같은 자들은 이단만큼이나 위험합니다. 교회는 개인의 사조직이 될 수 없습니다. 누구도 교회를 사유화하려고 해서는 안 됩니다. 교회는 하나님의 것입니다.

> 이는 가만히 들어온 사람 몇이 있음이라(유 1:4)

유다서의 저자는 예수님의 육신의 동생 유다입니다. 유다가 유다서를 기록한 이유는 "가만히 들어온" 사람들 때문입니다. 가만히 들어온 사람이란, 은밀하게 교회에 침투한 이단을 의미합니다. '은밀함'

은 이단의 특징 중 하나입니다. 대부분의 이단은 자신의 정체를 숨기고, 교회 안에 침투합니다. 그 이유는 그들이 거짓의 아비인 사탄의 도구이기 때문입니다. 그래서 이단들은 거짓으로 활동하고, 거짓말을 서슴없이 합니다. 이단들과 싸우는 방법은 영적인 분별력을 키우는 것입니다. 참된 것과 그릇된 것을 분별하는 능력을 키우는 것입니다. 우리 모두 하나님의 말씀을 잘 배워 이단을 분별할 수 있는 성숙한 성도가 되어야 합니다.

묵상

왜 사도 요한은 이단과 인사도 하지 말라고 합니까?

이단과 싸우는 방법은 무엇입니까?

기도

하나님, 이단들이 교회에 심각한 해악을 끼치고 있습니다. 이단으로부터 교회를 지켜 주세요. 미숙한 성도들이 이단에 미혹되지 않게 해 주세요. 이단에 미혹된 자들이 속히 건강한 교회로 돌아오게 해 주세요. 예수님의 이름으로 기도합니다. 아멘.

일주일에 한 번,
온 가족 말씀 동행 프로젝트

요한계시록

내가 또한 너를 지켜 시험의 때를 면하게 하리니

요한계시록 1–4장 | 찬송가 258장. 샘물과 같은 보혈은

> 예수 그리스도의 계시라 이는 하나님이 그에게 주사 반드시 속히 일어날 일들을 그 종들에게 보이시려고 그의 천사를 그 종 요한에게 보내어 알게 하신 것이라 (1:1)

요한계시록의 저자는 사도 요한입니다. 사도 요한은 노년에 계시록을 기록한 것으로 알려져 있습니다. 당시 로마 황제는 자신을 신격화했습니다. 식민지 백성들이 자신을 신으로 숭배하도록 했습니다. 하지만 기독교인들은 황제를 신으로 숭배하기를 거절했습니다. 그 결과 많은 어려움을 겪었습니다. 바로 이것이 요한계시록이 기록된 이유입니다. 하나님은 고난받는 기독교인들을 위로하고 격려하기

위해 천사를 통해 미래에 일어날 일들을 알려 주셨습니다.

> 에베소 교회의 사자에게 편지하라 … 네가 참고 내 이름을 위하여 견디고 게으르지 아니한 것을 아노라 … 그러나 너를 책망할 것이 있나니 너의 처음 사랑을 버렸느니라(2:1-4)

하나님은 에베소 교회에게 말씀하셨습니다. 첫째, 에베소 교회를 격려하는 말씀을 하셨습니다. 하나님은 에베소 교회가 고난을 견디고, 게으르지 않은 것을 칭찬하셨습니다. 둘째, 에베소 교회를 책망하는 말씀을 하셨습니다. 하나님은 에베소 교회가 처음 사랑을 버린 것을 질책하셨습니다. 이처럼 하나님은 우리의 모든 것을 아십니다. 우리가 잘한 것도 아시고, 우리가 못한 것도 아십니다. 그렇다면 우리는 어떻게 살아야 할까요? 항상 하나님의 시선을 의식하고 살아야 합니다. 하나님 앞에 숨길 수 있는 죄가 없다는 마음으로 살아야 합니다.

> 빌라델비아 교회의 사자에게 편지하라 … 네가 나의 인내의 말씀을 지켰은즉 내가 또한 너를 지켜 시험의 때를 면하게 하리니 이는 장차 온 세상에 임하여 땅에 거하는 자들을 시험할 때라(3:7-10)

빌라델비아 교회는 예수님을 주님으로 숭배했습니다. 빌라델비아 교회는 로마 황제를 신으로 숭배하지 않았습니다. 빌라델비아 교회는 로마 황제에게 많은 핍박을 받았지만, 끝까지 인내했습니다. 이에 하나님은 빌라델비아 교회가 시험의 때를 피하게 하셨습니다. 영원한 형벌에서 구원한다고 하셨습니다. 이 땅에서 받는 고난은 잠시뿐입니다. 잠깐의 고난을 견디면 영원한 생명을 선물로 얻을 것입니다.

> 내가 곧 성령에 감동되었더니 보라 하늘에 보좌를 베풀었고 그 보좌 위에 앉으신 이가 있는데(4:2)

사도 요한은 하늘 보좌 환상을 보았습니다. 하늘 보좌에는 예수님께서 앉아 계셨습니다. 보좌는 왕이 나라를 통치하는 자리입니다. 따라서 하늘 보좌 환상은 예수님께서 온 천하를 다스리고 계신다는 뜻입니다. 지구의 한 부분을 다스리는 로마 황제보다 온 우주를 다스리는 예수님을 두려워하는 것이 마땅합니다. 우리가 믿고 따르는 예수님은 온 우주의 왕이시며, 온 세상의 통치자이십니다. 예수님은 우리가 가장 두려워하고, 가장 경배할 분이심을 잊어서는 안 됩니다.

묵상

하나님께서 요한에게 미래에 일어날 일들을 알려 주신 이유는 무엇입니까?

하나님은 빌라델비아 교회에 어떤 복을 약속하셨습니까?

기도

하나님, 하나님은 우리의 모든 것을 아십니다. 우리가 행한 선을 아시고, 우리가 지은 죄도 아십니다. 그리고 하나님은 우리의 선에 복을 주시고, 우리의 죄를 벌하십니다. 그러므로 저희가 항상 경건하게 살기를 원합니다. 죄를 멀리하고 선을 실천하게 해 주세요. 우리의 모든 것을 아시는 하나님 앞에서 항상 거룩하게 살게 해 주세요. 예수님의 이름으로 기도합니다. 아멘.

인 침을 받은 자들이 십사만 사천이니

요한계시록 5-8장 | 찬송가 260장. 우리를 죄에서 구하시려

> 내가 보매 보좌에 앉으신 이의 오른손에 두루마리가 있으니 안팎으로 썼고 일곱 인으로 봉하였더라(5:1)

요한은 보좌에 앉으신 하나님을 보았습니다. 하나님의 오른손에는 두루마리가 있었습니다. 이 두루마리는 하나님의 뜻이 기록된 책입니다. 역사를 다스리는 하나님의 뜻, 우리를 구원하시는 하나님의 뜻이 기록된 책입니다. 이처럼 세상 역사는 우연히 흘러가는 게 아닙니다. 세상 역사는 하나님께서 계획하신 대로 흘러갑니다.

> 장로 중의 한 사람이 내게 말하되 울지 말라 유대 지파의 사자 다윗의 뿌리가 이겼으니 그 두루마리와 그 일곱 인을 떼시리라 하더라(5:5)

유대 지파의 사자는 예수님을 의미합니다. 따라서 유대 지파의 사자가 두루마리와 일곱 인을 뗀다는 것은, 예수님께서 하나님의 구원 계획을 이루신다는 뜻입니다. 실제로 예수님의 죽음과 부활을 통해 우리를 구원하시려는 하나님의 계획이 성취되었습니다.

> 다섯째 인을 떼실 때에 내가 보니 하나님의 말씀과 그들이 가진 증거로 말미암아 죽임을 당한 영혼들이 제단 아래에 있어(6:9)

사도 요한은 예수님께서 일곱 인을 떼시는 장면을 보았습니다. 일곱 인은 하나님의 심판을 상징합니다. 하나님께서 우리를 구원하시는 것이 사실인 것처럼, 하나님께서 세상을 심판하시는 것도 사실입니다. 우리는 세상에서 일어나는 사건과 사고, 재난과 재앙 속에서 하나님의 심판을 볼 수 있어야 합니다.

> 내가 인 침을 받은 자의 수를 들으니 이스라엘 자손의 각 지파 중에서 인침을 받은 자들이 십사만 사천이니(7:4)

인 침을 받은 자는 구원받은 자를 의미합니다. 구원받은 자의 수는 십사만 사천입니다. 십사만 사천은 상징적인 숫자입니다. 하나님의 백성인 이스라엘은 열두 지파였습니다. 그래서 12는 하나님의 백성을 상징합니다. 10은 꽉 채워진 숫자입니다. 그래서 10은 완전함을 의미합니다. 그런데 십사만 사천은 12를 두 번, 10을 세 번 곱한 숫자입니다. 따라서 십사만 사천은 하나님께서 구원하기로 예정하신 사람들은 한 사람도 빠짐없이 구원받는다는 사실을 의미합니다. 하나님은 자기 백성들을 한 사람도 빠짐없이 구원하실 것입니다.

> 향연이 성도의 기도와 함께 천사의 손으로부터 하나님 앞으로 올라가는지라 천사가 향로를 가지고 제단의 불을 담아다가 땅에 쏟으매 우레와 음성과 번개와 지진이 나더라(8:4-5)

제단의 연기가 하늘로 올라가자 번개와 지진이 일어납니다. 연기는 성도들의 기도를, 번개와 지진은 하나님의 심판을 상징합니다. 이것은 하나님께서 성도들의 기도를 통해 구원과 심판의 역사를 진행하신다는 사실을 의미합니다. 이처럼 우리의 기도에는 큰 힘이 있습니다. 우리의 기도는 구원 역사를 진행하기도 하고, 심판 역사를 진행하기도 합니다.

묵상

하나님 오른손의 두루마리를 통해 무엇을 알 수 있습니까?

인 침을 받은 십사만 사천은 무엇을 의미합니까?

기도

하나님, 하나님께서 구원하기로 예정하신 자들은 반드시 구원을 얻는다고 믿습니다. 비록 저희는 부족하고 연약하지만, 하나님께서 반드시 저희를 구원해 주실 거라고 믿습니다. 그러니 이 믿음이 흔들리지 않게 해 주세요. 그리고 저희를 구원하신 하나님께 영광을 돌리며 살아가게 해 주세요. 예수님의 이름으로 기도합니다. 아멘.

하늘에 전쟁이 있으니

요한계시록 9–12장 | 찬송가 265장. 주 십자가를 지심으로

> 그들에게 이르시되 땅의 풀이나 푸른 것이나 각종 수목은 해하지 말고 오직 이마에 하나님의 인 침을 받지 아니한 사람들만 해하라 하시더라(9:4)

하나님께서 사탄에게 하나님의 백성들을 해롭게 하지 말라고 명령하십니다. 이처럼 사탄의 활동도 하나님의 통제 아래에 있습니다. 사탄은 세상을 심판하시는 하나님의 도구에 불과합니다. 우리는 사탄의 유혹을 경계해야 하지만, 사탄을 지나치게 두려워할 필요는 없습니다.

> 내가 천사에게 나아가 작은 두루마리를 달라 한즉 천사가 이르되 갖다 먹어 버리라 네 배에는 쓰나 네 입에는 꿀 같이 달리라 하거늘 내가 천사의 손에서 작은 두루마리를 갖다 먹어 버리니 내 입에는 꿀같이 다나 먹은 후에 내 배에서는 쓰게 되더라(10:9-10)

사도 요한은 천사가 전해 준 두루마리를 먹었습니다. 두루마리는 입에서는 달았지만, 배에서는 썼습니다. 두루마리는 하나님의 말씀을 상징합니다. 하나님의 말씀은 우리를 구원으로 인도한다는 점에서 꿀처럼 달콤합니다. 하지만 말씀대로 사는 일이 쉽지 않다는 점에서 매우 씁니다. 그럴지라도 우리는 말씀이 인도하는 길을 따라 걸어야 합니다. 그 길에는 하나님께서 예비하신 은혜와 복이 있기 때문입니다.

> 그들이 그 증언을 마칠 때에 무저갱으로부터 올라오는 짐승이 그들과 더불어 전쟁을 일으켜 그들을 이기고 그들을 죽일 터인즉(11:7)

사도 요한은 두 증인이 복음을 전하는 환상을 보았습니다. 두 증인은 한 짐승에게 죽임을 당했습니다. 두 증인은 교회를 상징하고, 한 짐승은 사탄을 상징합니다. 이처럼 사탄은 복음을 전하는 성도들을 미워하고 핍박합니다. 심지어 죽음에 이르도록 박해하기도 합니다. 하지만 그것으로 끝이 아닙니다. 복음을 전하다가 순교한 성도들은 천국에서 해와 같이 빛날 것입니다.

> 하늘에 전쟁이 있으니 미가엘과 그의 사자들이 용과 더불어 싸울새 용과 그의 사자들도 싸우나 이기지 못하여 다시 하늘에서 그들이 있을 곳을 얻지 못한지라 큰 용이 내쫓기니 옛 뱀 곧 마귀라고도 하고 사탄이라고도 하며 온 천하를 꾀는 자라

▍ 그가 땅으로 내쫓기니 그의 사자들도 그와 함께 내쫓기니라(12:7-9)

사탄의 기원을 보여 주는 말씀입니다. 사탄은 하늘의 천사 중 하나였습니다. 사탄은 하나님의 지위를 찬탈하기 위해 전쟁을 일으켰습니다. 하지만 천사 중 하나인 미가엘조차 이기지 못하고 땅으로 쫓겨났습니다. 이처럼 사탄의 능력은 하나님과 비교조차 할 수 없습니다. 그러므로 사탄은 우리를 넘어뜨릴 수 없습니다. 하나님의 크신 능력이 우리를 보호하기 때문입니다.

묵상

달고 쓴 두루마리가 의미하는 것은 무엇입니까?

두 증인의 죽음은 무엇을 의미합니까?

기도

하나님, 사탄은 성도들을 공격합니다. 때로는 사탄의 공격 때문에 성도들이 순교하기도 합니다. 하지만 사탄은 저희의 구원을 흔들 수 없습니다. 하나님의 크신 능력이 저희를 보호하기 때문입니다. 사탄과 싸울 때, 하나님을 의지하여 승리하게 해 주세요. 하나님과 동행하며 거룩한 삶을 살게 해 주세요. 예수님의 이름으로 기도합니다. 아멘.

지금 이후로 주 안에서 죽는 자들은 복이 있도다

요한계시록 13-16장 | 찬송가 270장. 변찮는 주님의 사랑과

> 내가 보니 바다에서 한 짐승이 나오는데 뿔이 열이요 머리가 일곱이라 / 사로잡힐 자는 사로잡혀 갈 것이요 칼에 죽을 자는 마땅히 칼에 죽을 것이니 성도들의 인내와 믿음이 여기 있느니라(13:1, 10)

사도 요한은 한 짐승이 바다에서 나오는 환상을 보았습니다. 짐승은 용과 함께 성도들을 괴롭혔습니다. 여기서 용은 사탄을, 짐승은 세상 권세를 의미합니다. 실제로 교회는 세상 권세로부터 많은 핍박을 받았습니다. 대표적으로 로마 황제를 꼽을 수 있습니다. 네로 황제와 도미티아누스 황체 치하에서 수많은 성도들이 순교했습니다. 사도 요한이 보았던 짐승 환상은 교회가 계속해서 세상의 핍박

을 받을 것임을 보여 줍니다. 우리도 언젠가는 세상의 박해를 받을 수 있습니다. 그때 우리도 믿음의 선배들처럼 인내하며 믿음을 지켜야 합니다.

> 또 내가 들으니 하늘에서 음성이 나서 이르되 기록하라 지금 이후로 주 안에서 죽는 자들은 복이 있도다 하시매 성령이 이르시되 그러하다 그들이 수고를 그치고 쉬리니 이는 그들의 행한 일이 따름이라 하시더라(14:13)

순교당한 성도들은 불쌍한 자들일까요? 그렇지 않습니다. 오히려 믿음 때문에 순교한 자들은 복 있는 자들입니다. 하나님께서 그들의 행위를 기억하시고, 마지막 심판 날에 큰 상을 주실 것이기 때문입니다. 정말 불쌍한 자들은 순교가 두려워서 하나님을 떠난 자들입니다. 하나님을 떠나 세상으로 돌아간 자들입니다. 그들은 마지막 날에 영원한 심판을 받을 것입니다.

> 또 내가 보니 불이 섞인 유리 바다 같은 것이 있고 짐승과 그의 우상과 그의 이름의 수를 이기고 벗어난 자들이 유리 바다 가에 서서 하나님의 거문고를 가지고 하나님의 종 모세의 노래, 어린 양의 노래를 불러 이르되 주 하나님 곧 전능하신 이시여 하시는 일이 크고 놀라우시도다 만국의 왕이시여 주의 길이 의롭고 참되시도다(15:2-3)

하나님을 대적한 자들과 예수님을 믿지 않은 자들은 마지막 날에 심판을 받을 것입니다. 반대로 하나님께 순종하고 예수님을 믿은 자들은 마지막 날에 하나님을 찬양할 것입니다. 하나님의 정의로운 심판을 찬양하고, 하나님의 구원하시는 은혜를 찬양할 것입니다. 우리는 어떤 자리에 서야 할까요? 심판의 자리에 서기 원합니까, 하나님의 구원을 찬양하는 자리에 서기 원합니까? 어떤 상황에서도 믿음을 포기하지 않고, 하나님을 찬양하는 자리에 함께 서기를 바랍니다.

> 그들이 성도들과 선지자들의 피를 흘렸으므로 그들에게 피를 마시게 하신 것이 합당하니이다 하더라(16:16)

세상 사람들은 마지막 날에 하나님의 심판을 받을 것입니다. 그들이 심판당하는 이유 중 하나는 그들이 성도들의 피를 흘렸기 때문입니다. 하나님은 마지막 날에 우리 대신 복수해 주실 것입니다. 하나님은 마지막 날에 성도들의 억울함을 갚아 주실 것입니다.

묵상

바다에서 나온 짐승 환상은 무엇을 의미합니까?

왜 순교자들은 불쌍한 자들이 아닙니까?

기도

하나님, 저희는 세상에서 여러 가지 어려움을 겪습니다. 저희는 세상에서 여러 가지 차별과 반대를 당하기도 합니다. 그럴지라도 저희의 믿음을 포기하지 않게 해 주세요. 하나님을 떠나 세상으로 돌아가지 않게 해 주세요. 끝까지 믿음을 지키게 해 주세요. 예수님의 이름으로 기도합니다. 아멘.

거기서 나와 그의 죄에 참여하지 말고

요한계시록 17-20장 | 찬송가 279장. 인애하신 구세주여

> 그들이 어린 양과 더불어 싸우려니와 어린 양은 만주의 주시요 만왕의 왕이시므로 그들을 이기실 터이요 또 그와 함께 있는 자들 곧 부르심을 받고 택하심을 받은 진실한 자들도 이기리로다(17:14)

사도 요한 당시에는 세상이 승리하고 교회가 패배하는 것처럼 보였습니다. 하지만 세상의 승리는 일시적입니다. 결국에는 교회가 승리할 것입니다. 특히 마지막 날에 세상은 완전하게 패배할 것이고, 교회는 완전한 승리를 누릴 것입니다. 우리가 싸우는 싸움은 승리가 보장된 싸움입니다. 그러므로 일시적으로 패배할지라도, 끝까지 포기하지 말아야 합니다. 포기하지 않고 세상과 싸워야 합니다.

> 또 내가 들으니 하늘로부터 다른 음성이 나서 이르되 내 백성아, 거기서 나와 그의 죄에 참여하지 말고 그가 받을 재앙들을 받지 말라(18:4)

세상 사람들은 자신들의 마지막을 알지 못합니다. 자신들이 마지막 날에 받을 심판을 알지 못합니다. 그래서 마음껏 죄를 짓습니다. 죄를 지으면서도 부끄러워하지 않습니다. 하지만 우리는 세상의 마지막을 알고 있습니다. 마지막 날에 하나님의 심판이 있다는 사실을 알고 있습니다. 그러므로 우리는 세상 사람들이 행하는 악에 참여해서는 안 됩니다. 세상 사람들처럼 살아서는 안 됩니다. 심판받을 세상 사람들과 다르게 살아야 합니다.

> 우리가 즐거워하고 크게 기뻐하며 그에게 영광을 돌리세 어린 양의 혼인 기약이 이르렀고 그의 아내가 자신을 준비하였으므로(19:7)

사도 요한은 마지막 심판의 날을 혼인 잔치처럼 묘사합니다. 세상 사람들에게 심판의 날은 슬픔의 날일지라도, 하나님의 백성들에게 심판의 날은 기쁨의 날이기 때문입니다. 세상 사람들에게 예수님은 심판자일지라도, 하나님의 백성들에게 예수님은 구원자이기 때문입니다.

> 이 첫째 부활에 참여하는 자들은 복이 있고 거룩하도다 둘째 사망이 그들을 다스리는 권세가 없고 도리어 그들이 하나님과 그리스도의 제사장이 되어 천 년 동안 그리스도와 더불어 왕 노릇 하리라(20:6)

사도 요한은 하나님의 백성들이 천 년 동안 왕 노릇 한다고 말합니다. 여기서 천 년이라는 기간은 실제로 1,000년을 말하는 것이 아니라, 예수님의 초림부터 재림까지의 기간을 상징하는 기간입니다.

왕 노릇 한다는 것도 실제로 왕이 된다는 것이 아니라, 왕처럼 존귀한 사람이 된다는 뜻입니다. 우리는 하나님께 택함받은 사람들입니다. 하나님의 백성으로, 하나님의 자녀로 택함받은 사람들입니다. 따라서 우리는 누구보다 존귀한 사람입니다. 우리는 존귀한 사람답게 존귀한 삶을 살아야 합니다. 세상 사람들처럼 마음껏 죄를 지으며 살지 않고, 존귀한 자처럼 거룩한 삶을 살아야 합니다.

묵상

왜 세상 사람들은 마음껏 죄를 지으면서도 죄를 부끄러워하지 않습니까?

왜 사도 요한은 마지막 심판의 날을 혼인 잔치처럼 묘사합니까?

기도

하나님, 저희는 마지막 날에 있을 일을 알고 있습니다. 마지막 날에 모든 사람은 하나님의 재판대 앞에 설 것입니다. 한 사람도 빠짐없이 하나님의 심판을 받을 것입니다. 그러나 저희는 마지막 날에 하나님께 칭찬받게 해 주세요. 심판주이신 예수님을 기쁘게 맞이하게 해 주세요. 예수님의 이름으로 기도합니다. 아멘.

처음 하늘과 처음 땅이 없어졌고

요한계시록 21-22장 | 찬송가 284장. 오랫동안 모든 죄 가운데 빠져

> 또 내가 새 하늘과 새 땅을 보니 처음 하늘과 처음 땅이 없어졌고 바다도 다시 있지 않더라(21:1)

하나님은 사도 요한에게 세상의 마지막을 보여 주셨습니다. 마지막 날에는 처음 하늘과 처음 땅이 사라지고, 새 하늘과 새 땅이 나타날 것입니다. 새 하늘과 새 땅에는 죄와 슬픔이 없을 것입니다. 우리를 유혹하던 사탄과 귀신들도 없을 것입니다. 대신 영원한 기쁨과 무한한 즐거움이 있을 것입니다. 성부, 성자, 성령 하나님과 친밀한 교제를 나누게 될 것입니다.

> 그러나 두려워하는 자들과 믿지 아니하는 자들과 흉악한 자들과 살인자들과 음행하는 자들과 점술가들과 우상 숭배자들과 거짓말하는 모든 자들은 불과 유황으로 타는 못에 던져지리니 이것이 둘째 사망이라(21:8)

하나님의 백성들은 새 하늘과 새 땅에서 무한한 즐거움을 영원토록 누릴 것입니다. 하지만 마음껏 죄를 짓던 세상 사람들은 둘째 사망을 당할 것입니다. 둘째 사망은 지옥을 의미합니다. 세상 사람들은 지옥에서 자신들의 죗값을 치르게 될 것입니다.

> 다시 저주가 없으며 하나님과 그 어린 양의 보좌가 그 가운데에 있으리니 그의 종들이 그를 섬기며 그의 얼굴을 볼 터이요 그의 이름도 그들의 이마에 있으리라(22:3-4)

하나님은 사도 요한에게 천국을 보여 주셨습니다. 천국의 특징은 하나님과 가까이에서 교제하는 것입니다. 심지어 우리는 천국에서 예수님의 얼굴을 두 눈으로 보게 될 것입니다. 우리는 예수님을 가까이에서 보며, 친밀한 교제를 나누게 될 것입니다.

> 보라 내가 속히 오리니 내가 줄 상이 내게 있어 각 사람에게 그가 행한 대로 갚아 주리라(22:12)

하나님은 마지막 날에 "행한 대로 갚아" 주실 것입니다. 예수님을 믿지 않고 악을 행한 자들은 지옥의 심판으로, 예수님을 믿고 선을 행한 자들은 천국의 상급으로 갚아 주실 것입니다. 우리가 이 땅에서 당한 고난과 좌절, 슬픔과 고통을 하나님께서 천국의 상급으로 갚아 주실 것입니다. 그러므로 우리는 마지막 날에 하나님께서 주실 천국의 상급을 기대하며, 우리에게 주어진 삶을 성실하고 거룩하게 살아 가야 합니다.

묵상

새 하늘과 새 땅에는 무엇이 없습니까?

천국의 특징은 무엇입니까?

기도

하나님, 예수님께서 다시 오실 것을 믿습니다. 예수님께서 심판주로 오실 것을 믿습니다. 예수님께서 마지막 날에 각 사람이 행한 대로 갚아 주실 것을 믿습니다. 예수님께서 다시 오실 때까지 믿음을 지키고, 죄와 싸워 승리하며 살게 해 주세요. 심판받을 세상 사람들처럼 살지 않고, 구원받을 하나님의 백성답게 살아가게 해 주세요. 예수님의 이름으로 기도합니다. 아멘.